Antoine Lebègue

BEKANNTSCHAFT MIT DEN PYRENÄEN

Fotos von Jacques Jolfre
und Patrick Bernière, Georges Claustres, Jean Foucher, Albert Rèche, Claude Perrin,
Cyril Audinet und Bertrand Cabrol

Ins Deutsche übertragen von Vera Martin

SUD OUEST

2

Der Pic d'Aneto, die höchste Erhebung der Pyrenäen, bietet im Licht der aufgehenden Sonne ein Schauspiel von seltener Schönheit (Foto Jacques Jolfre).

«Aqué los mountagnos
qué tant haoustes sount,
M'empachian de bède
Mas amours ou sount»

«Die schönen Berge
was sind sie so hoch,
meine Liebe zu sehen
verwehren sie mir doch»

Die berühmte, im 14. oder 15. Jahrhundert vielleicht von Gaston Fébus komponierte Kantilene «Se canto, que canto», das Heimatlied Südwestfrankreichs schlechthin, drückt es nur zu genau aus : die Pyrenäen sind ein Hindernis, eine gigantische lückenlose Barriere, die als einzige Grenze das Mittelmeer und den Ozean anerkennt. Sollen wir deshalb wie der Autor des Liedes hoffen, daß sie eines Tages untergehen ? Wir würden dann zwar endlich den Gegenstand seiner Liebe sehen können. Gleichzeitig ginge uns aber ein grandioses Naturschauspiel verloren, denn hinter der scheinbar undurchdringlichen Fassade, die sich plötzlich vor uns erhebt, verbirgt sich eine abwechslungsreiche und atemberaubende Welt.

Von den friedlichen Kuppen des Baskenlandes zu den fein ziselierten und skulptierten Felsen des Albères-Massivs, von den tiefen Schluchten in Soule und La Fou zu den lichtüberfluteten Landschaften Cerdagne und Luz, von den grünen Tälern am Nordhang zu den wilden Schluchten Aragoniens - die Natur der Pyrenäen hat tausend Gesichter. Vielleicht beruht die Ursprünglichkeit der Gebirgskette nicht nur auf den grandiosen Landschaften wie Gavarnie oder Les Rigols, sondern vielmehr auf ihren Menschen und ihrer Kultur. Das Erbe der Menschen ist genauso reich und vielgestaltig wie das der Natur. Die Archäologie (Niaux), die Geschichte (Roncevalles), die Wissenschaft (Pic du Midi de Bigorre) und die Religion (Lourdes) sind fest in den Pyrenäen verankert. Die *Reconquista* nahm hier im Gebirge ihren Ausgang und zahlreiche Dynastien sind aus ihm hervorgegangen.

Der Hirte, Bindeglied zwischen Vergangenheit und Gegenwart, ist der Hüter der pyrenäischen Seele (Foto Bertrand Cabrol).

DAS GEBIRGE DER KÖNIGE UND HIRTEN

Die Vorfahren Karls V. und Ludwigs XIV. stammten aus den Pyrenäen, wie die der heutigen Herrscher Spaniens und Schwedens oder der Maharadschas von Bhopal. Doch waren die Fürsten und Könige, die die mondänen Orte zwischen Biarritz und Luchon so zahlreich besuchten, nie die eigentlichen Herrscher der Berge gewesen. Die zentrale Gestalt der pyrenäischen Saga ist der Hirte. Er sorgt seit dem Ende des Paläolithikums für den Fortbestand der Tradition, gerade er, der als Wanderschäfer die Herden führt und bewacht. Die Gaskonen nennen ihn *aulhé*. Wenn er auch seinen langen Kapuzenmantel nicht mehr trägt, so ist und bleibt er ein Einzelgänger, der den Sommer von Juni-Juli bis September in den Bergen verbringt, wo er in Berghütten Unterkunft findet, die seine Vorgänger bereits seit Generationen bewohnten. Der Name dieser Hütten wechselt von Gegend zu Gegend, manchmal sogar von Tal zu Tal. Im Norden des Departements Ariège heißen sie *orri*, in Couserans und Comminges *courtau*, in Bigorre *couila*, im Béarn und in der Gegend Soule *cayola*. Die Basken schließlich nennen sie *olha*. Äußerlich unterscheiden sich diese Hütten jedoch nicht. Durch die Einfachheit des Baustils und der verwendeten Materialien fügen sie sich harmonisch in die Landschaft ein. Der Hirte ist der Natur so nahe wie kein anderer. Zwar braucht er sich heute nicht mehr vor wilden Tieren zu fürchten, die moderne Zivilisation hat sie längst vertrieben. Doch ist er immer noch stark mit den Elementen verbunden. In seiner Welt nehmen Geräusche eine besondere Dimension an. Er ist es gewohnt, seinen Tieren nach dem Geläut ihrer Glocken zu folgen, das in den Bergen widerhallt. In Aas im Ossau-Tal haben die Hirten als einzige Menschengruppe der Welt eine Sprache erfunden, die aus Pfeiftönen besteht und mit der sie sich im Nebel über weite Entfernungen hinweg verständigen können.

Der Hirte ist eine außergewöhnliche Gestalt, und es ist nicht leicht, ein guter Hirte zu werden. Wie lautet das Sprichwort noch : «*ey mes facile de he un curé qu'un auhle*» (es ist leichter Pfarrer zu werden als Hirte).

In den rauhen Talkesseln aus nacktem Felsstein entspringen Bäche und Flüsse (hier die Quelle der Ariège auf andorranischem Gebiet). (Foto Georges Claustres).

Die Entstehungsgeschichte

Der Hirte, Hüter des pyrenäischen Erbes, kennt die Entstehungsgeschichte der Gebirgskette. Er weiß, daß Pyrène, die Tochter des Königs von Cerdagne ungewöhnlich schön war. So schön, daß Herakles nicht umhin konnte, sie zu verführen, bevor er zu seiner zehnten Arbeit, der Erbeutung der Rinder des dreileibigen Riesen Geryoneus, weiterzog. Völlig verzweifelt nahm die Prinzessin seine Verfolgung auf. Doch wurde sie in der Höhle von Lombrives von wilden Tieren angegriffen und verschlungen. Ein Stalagmit kennzeichnet die Stelle ihres Grabes. Von Reue und Trauer erfüllt, beschloß der Held bei seiner Rückkehr nach Katalonien, sich zum Grabmal der armen Prinzessin zu begeben. Dort angekommen errichtete er, von Zorn ergriffen, ein Mausoleum, indem er unzählige Felsmassen übereinander stapelte. So entstanden die Pyrenäen.

Die wissenschaftliche Erklärung der Entstehung der Pyrenäen ist, wenn auch nicht so romantisch, nicht weniger faszinierend als die Legende. Es ist bis heute noch nicht geklärt, was die Hebung der Kette ausgelöst hat. Außerdem trifft das was für die West-Pyrenäen gilt nicht unbedingt auch auf den östlichen Teil der Kette zu. Es können jedoch mehrere Feststellungen gemacht werden : die Pyrenäen sind nur ein Teil der alpidischen Gebirgsbildungsphase, die sich vom marokkanischen Atlas bis nach Neuguinea erstreckte, und ihre Entstehung erfolgte in mehreren Abschnitten. Auf den ersten Abschnitt während der variskischen Faltungsära folgte Dislokation und Erosion. Dann trat zweifellos gegen Ende des Tertiärzeitalters oder zu Beginn des Quartärzeitalters eine Verjüngung ein. Die tektonischen Hebungen erstreckten sich vermutlich über 12 Millionen Jahre, während sich die afroasiatische und die europäische Kontinentalplatte aufeinander zubewegten und schließlich zu einer Kollision des iberischen und europäischen Kontinentalblocks führten. Dieser Zusammenstoß war eine Folge der Öffnung des Golfs von Gascogne, der den Prozeß umkehrte, indem er die iberische Halbinsel gegen den europäischen Sockel trieb, nachdem er Spanien durch eine Meerenge von Frankreich getrennt hatte. Die Erosion und die großen Quartärgletscher gaben dem Gebirge schließlich den letzten Schliff, indem sie Täler entstehen ließen. Anstatt das Relief auszugleichen, haben sie dessen schroffe Formen noch verstärkt, Mulden mit flachem Boden gegraben, Täler versperrt, Terrassen und Schluchten in den Fels gehauen und Talkessel trassiert, während das Eis die Gipfel zu messerscharfen Spitzen erstarren ließ. Sein heutiges Gesicht verdankt das pyrenäische Relief der eiszeitlichen Vergletscherung.

DIE PYRENÄEN, EIN REFUGIUM DER NATUR

Die Natur der Pyrenäen weist eine große Vielfalt von Pflanzen- und Tierarten auf. Sie beherbergt über tausend verschiedene Pflanzenarten, ungefähr ein Drittel der Flora Frankreichs. Die endemischen Tierarten sind so zahlreich, daß die Fauna wie «eine Art Refugium der Natur» erscheint (Pierre Minvielle). Wie in allen Gebirgen der Welt, weist die Vegetation eine Folge von Höhenstufen auf. Die Botaniker unterscheiden im allgemeinen 6 Stufen : die kolline Stufe (Hügellandstufe max. 800-900 m) ist der Standort der Eiche ; in ihrem untersten Bereich liegen die vom Menschen gerodeten Weideflächen. Danach kommt die montane Stufe (Bergwaldstufe max. 1500-1600 m), die von Buchen- und Tannenwald gebildet wird. Ein kleiner Sprung nach oben führt uns auf die Hochgebirgsstufe (bis 1800 m), wo Birken und Ebereschen wachsen. Danach kommen wir zur subalpinen Stufe (bis 2100 m), wo unzusammenhängende Kiefernwälder langsam in Heide und Rasen übergehen. Auf der alpinen Stufe (bis 3100 m) wird der Rasen rarer (bis 2600) und verwandelt sich allmählich in Felsen und Schutthalden. Schließlich kommen wir zur nivalen Stufe, wo Schnee und Eis vorherrschen. Vegetation, hauptsächlich in Form von Moosen und Flechten, tritt hier nur noch vereinzelt auf.

Einer der Hauptreize jeder Wanderung durch die pyrenäische Bergwelt

Pyrenäen-Gemsen (Foto Cyril Audinet).

sind die Blumen, insbesondere die Alpenrose und die Narzisse, die Dörfer und Wiesen schmücken. Doch sollte man diese Pflanzen achten und sie in ihrer natürlichen Umgebung lassen, besonders wenn es sich um seltene und endemische Arten handelt, die man vor dem Aussterben bewahren muß. Die bekanntesten Spezies sind das Edelweiß, das ab 1000 m Höhe vorkommt, und die Pyrenäen-Schwertlilie, die trotz ihres Namens nicht nur in den Pyrenäen wächst, denn man findet sie auch im Kantabrischen Gebirge. Demnach werden sie nicht als rein endemische Pflanzen betrachtet im Gegensatz zum Borstigen Mannsschild oder zur Pyrenäen-Ramonda, die auf den Felsen am Ufer von Gebirgsbächen wächst und die nach Ramond, dem französischen Botaniker und Erforscher des Mont-Perdu, benannt ist.

Auch Liebhaber wilder Tiere kommen in den Pyrenäen auf ihre Kosten. Zu den berühmtesten und originellsten Arten zählen die Pyrenäen-Gemse, das Auerhuhn, das Schneehuhn, der Gänsegeier, der Bartgeier, der Braunbär, der Pyrenäen-Desman und der Pyrenäen-Gebirgsmolch. Die Pyrenäen-Gemse, die in den Alpen eine nahe Verwandte hat, ist das Gebirgstier schlechthin. Obwohl sie ursprünglich vor der Erwärmung der Erde in der Mittelsteinzeit im Flachland lebte, hat sie sich dem Gebirge erstaunlich gut angepaßt. Auch mit dem Wald wurde sie vertraut, in den sie sich im Sommer zurückzieht, wenn die Viehherden die Weiden belegen. Das Auerhuhn, das ursprünglich in Buchhainen lebte, zeichnet sich durch seinen Geschlechtsdimorphismus (unterschiedliche Gefiederfärbung - der Hahn ist schwarz und das Huhn rot -) und seinen typischen Gesang aus.

Die Besonderheit des Schneehuhns dagegen sind seine mimischen Fähigkeiten. Sein Gefieder weist im Winter eine weiße Färbung auf, während es im Sommer erdfarben braun, felsfarben grau oder schwarz ist. Die einst sehr zahlreichen Geier kommen heute in den Pyrenäen nur noch vereinzelt vor. Sie werden in eigens dafür vorgesehenen Zentren gezüchtet, wo man sie bei ihrem Flug, ein Schauspiel von seltener Schönheit, beobachten kann.

Der Bartgeier ernährt sich von Knochen, die er zerhackt. Sein Gefieder ist bunt wie das exotischer Vögel.

Der Braunbär, ein mächtiges Tier, das aufrecht stehend bis zu zwei Meter mißt, ist in den Pyrenäen nahezu ausgestorben. Man schätzt den Bestand auf 10 bis 15 Tiere, nur ganz selten trifft man eines von ihnen an. Doch kann man manchmal Abdrücke ihrer Tatzen auf dem Boden oder Kratzspuren an Bäumen beobachten. Seine letzten, noch unberührten Refugien, in die er sich zurückzieht, sind die Täler von Aspe und Ossau, das Luchonnais und Couserans. Am berunruhigendsten für seine Zukunft ist die Vermutung, daß er sich nicht mehr fortpflanzt.

Der zur Familie der Maulwürfe gehörende Pyrenäen-Desman, der auch den Beinamen Bisamrüßler hat, ist das hervorstechendste Beispiel der pyrenäischen Fauna. Wie den Bär bekommt man auch ihn nur selten zu Gesicht, denn er verläßt seinen Unterschlupf nur nachts, um sich von Insekten zu ernähren. Seine rüsselförmig verlängerte Schnauze dient der Nahrungssuche und der Orientierung. Dank seiner relativ gut ausgebildeten Schwimmfüße und seines wasserundurchlässigen Fells hat sich der Pyrenäen-Desman bestens an das Leben an und im Wasser angepaßt.

Der gelbbäuchige Gebirgsmolch der Pyrenäen ist auch ein Wassertier. Bei Wanderern ist er nicht sehr beliebt, obwohl seine Anwesenheit auf sauberes Wasser schließen läßt.

Das Edelweiß wächst in über 1000 m Höhe (Foto Jacques Jolfre).

8

DER PYRENÄEN-NATIONALPARK

Zum Schutz der bedrohten Pflanzen- und Tierarten wurden mehrere Parks und Naturschutzgebiete eingerichtet. Die ersten Beispiele kamen aus Spanien, wo 1918 der Nationalpark Ordesa und 1955 der Park von Aïges Tortes eingerichtet wurden. Auf französischer Seite verdanken wir die 1935 gegründete Réserve de Néouvielle einer privaten Initiative. Der Pyrenäen-Nationalpark entstand 1967.

Er ist in zwei unterschiedlichen Zwecken dienende Zonen unterteilt. Gamsköpfe markieren das Gebiet.

Der eigentliche Park verläuft an der Grenze entlang. Das 45 700 ha große Gebiet unterliegt strengstem Naturschutz. Erlaubt sind nur traditionelle Weide- und Forstwirtschaft und Tourismus in Form von Zeltlagern.

Um den Park herum erstreckt sich die viel größere Peripheriezone (206 000 ha). Sie verbindet wirtschaftliche Aktivitäten mit Umweltschutz und bereitet den Touristen auf seinen Besuch im Park vor. Als staatliche Einrichtung hat der Park nicht nur die Aufgabe, die Natur zu schützen und zu erhalten. Er hat auch zur Bewahrung des Kulturerbes und zur Entwicklung der regionalen Wirtschaft beizutragen. Zusammen mit dem Naturschutzgebiet Néouvielle und dem im Süden angrenzenden Park von Ordesa konnte der Pyrenäen-Nationalpark bestimmte Pflanzen- und Tierarten vor dem Aussterben retten. Das hervorragendste Beispiel ist die Pyrenäen-Gemse, die über 4 000 Artgenossen auf dem Gebiet des Nationalparks zählt.

LEBENDIGE TRADITION

Das Aussterben bestimmter Tier- und Pflanzenarten, das mit der allgemeinen Verschlechterung der traditionellen Ökosysteme zusammenhängt, die wiederum eine Folge unserer schnellebigen Zeit ist, darf nicht den Anschein erwecken, daß die pyrenäische Zivilisation nicht mit der Natur im Einklang steht. Dies wäre völliger Widersinn. Das Leben in den Bergen ist im Gleichgewicht mit der Natur entstanden.

Eines der besten Beispiel der Anpassung des Menschen an die Gebirgswelt ist seine Wohnstätte. Es gibt nicht nur einen pyrenäischen Wohnhaustyp sondern mehrere, jeweils an die klimatischen und topographischen Bedingungen angepaßte Wohnhaustypen. So ist man zum Beispiel im Baskenland hauptsächlich darum besorgt, sich vor dem Westwind zu schützen, der den Regen bringt. Die Häuser bilden einen Block, dessen Westfassade fast nackt ist. In den Tälern von Béarn und Bigorre lieferten die von den *gaves* (Gebirgsbäche) und *nestes* (Flüsse) angeschwemmten Steine ein besonders solides Baumaterial, das noch einen weiteren Vorteil hatte. Es konnte zur Verschönerung verwendet werden, insbesondere zum Bau von Wänden im «Fischgrätmuster». Da der Boden jedoch knapp bemessen und kostbar ist, wird beim Bau der Wohnhäuser und Nebengebäude kein unnötiger Platz verschwendet. Nicht selten gehen die Häuser direkt auf einen Gebirgsbach, was vielen Dörfern einen besonderen Reiz verleiht, wie auch die nach Süden orientierten Holzgalerien. Im Pyrenäenvorland sind die Häuser eher langgestreckt, und anstatt der im Gebirge durch den Schnee erforderlichen steilen Schieferdächer findet man Ziegeldächer, die auch im Osten, wo der mediterrane Einfluß vorherrscht, das Landschaftsbild prägen.

Durch ihre Verbundenheit mit der Natur und den Geheimnissen der Bergwelt konnten die Bewohner der Pyrenäen ihre uralten Bräuche und Traditionen lebendig erhalten.

Bis vor gar nicht so langer Zeit warnte man Höhlenforscher noch vor Gefahren, die angeblich in Höhlen und Abgründen auf sie lauerten. Auch wenn sie sich nicht ganz sicher waren, glaubten viele Dorfbewohner, daß die Dunkelheit von wilden Tieren und übernatürlichen Wesen, Feen, Hexen und *laminaks* (behaarte Kobolde aus dem Baskenland) bevölkert sei.

Heute äußert sich der Traditionsreichtum in den Pyrenäen insbesondere in zahlreichen Volksfesten und Prozessionen. Von einem Ende der Gebirgskette zum anderen verstehen es die Menschen, ihre Zugehörigkeit zur Gemeinschaft zum Ausdruck zu bringen. Im Juli feiert Pamplona das Fest des heiligen Firminus immer noch mit der gleichen Begeisterung wie sie Hemingway beschrieben hat. Und in Perpignan verschwimmen die Grenzen zwischen Vergangenheit und Gegenwart, wenn die Sanch-Prozession durch die Straßen der Stadt zieht.

Selten sind die Feste jedoch so bedeutungsvoll wie die Hirtenspiele der Provinz Soule, bei denen die mittelalterliche Tradition der Mysterienspiele jedes Mal wieder auflebt. Nach einem von einem einheimischen Schriftsteller verfaßten Text treffen Gestalten und Ereignisse aus den verschiedensten Epochen in einem Schauspiel zusammen, bei dem die Kämpfe, regelrechte Pantomimen, wie Ballett erscheinen. Der alte Haudegen der Napoleonischen Garde kämpft mit dem Ritter aus dem Mittelalter und Napoléon begegnet Heinrich IV. Die Guten, die «Blauen» (die Christen) und die Bösen, die «Roten» (die Ungläubigen) bekämpfen sich nach Lust und Laune des Schiftstellers und Regisseurs, dem nur durch seine Phantasie Grenzen gesetzt sind. Die Kräfte des Guten und des Bösen stoßen auch aufeinander, wenn von Anfang Januar bis Fastnachtsdienstag, die von der *txirula* (Flöte mit drei Löchern) angeführten *Maskeraden* durch die Dörfer ziehen. Allen vorweg laufen die «Roten» (hier die Guten) mit ihrem Anführer, dem *txerrero*, der einen großen, mit Pferdehaaren geschmückten Stock trägt. Danach kommt der Rest der Bande: der *gatuzaïn*, ein Mann in Katzengestalt, der seiner Beute auflauert; die *kantiniersa*, die Marketenderin, die wie alle Gestalten der Maskeraden und Pastoralen in Wirklichkeit ein Mann ist; und schließlich die berühmteste Gestalt, der *zamalzaïn*, ein Mann in Pferdegestalt, der nach dem Umzug den berühmten Glastanz aufführt. Nach den «Roten» kommen die «Schwarzen», die Bösen, die fröhlich durch die Straßen ziehen. All diese Bräuche haben viel Lokalkolorit und sind seit Jahrhunderten unverändert.

Man könnte fast von Kulturendemismus sprechen, so sehr sind bestimmte Aspekte der traditionellen Zivilisation mit der pyrenäischen Wesensart verbunden.

Dies kommt insbesondere in der Beibehaltung von Bräuchen und Riten aus vorchristlicher Zeit zum Ausdruck.

Der Pyrenäen-Geier (Foto Cyril Audinet).

Eines der vielsagendsten Beispiele ist der Bär als symbolische Karnevalsgestalt. Ein als Bär verkleideter oder rußgeschwärzter Mann stürzt sich auf ein junges Mädchen, die Rosetta, um sie zu entführen und zu vergewaltigen. Die Jäger, die ihn daran hindern wollen, begleiten ihn lärmend durch die Straßen der Stadt. Auf dem Dorfplatz tun sie so, als würden sie auf ihn schießen; der Bär bricht mehrmals zusammen und richtet sich wieder auf, um weitere Mädchen anzugreifen, bevor er stirbt. Das Fest ist voller Symbolik: ein Land, dessen Landschaft und Lebensart sich bei jedem Jahreszeitwechsel völlig verändert. Der Bär, der aus seinem Unterschlupf kommt um zu sterben, stellt das Ende des Winters und die Rückkehr des Frühlings dar. Indem er sich jedoch mehrmals wieder aufrichtet, vermittelt er die Gewähr, daß auf das alte Jahr ein neues folgt.

DER ÄLTESTE EUROPÄER

Dem Reichtum der pyrenäischen Folklore steht der Reichtum der archäologischen Funde in nichts nach. Im Corbières-Massiv im Pyrenäenvorland entdeckten Forscher nämlich in der Höhle von Tautavel 450 000 Jahre alte menschliche Skelettreste. Der Tautavel-Mensch ist demnach aus heutiger Sicht der älteste Europäer, mit dem der Cro-Magnon-Mensch (ca. 30.000 Jahre) nicht mithalten kann. Weitere Hinweise darauf, daß das Roussillon schon in grauer Vorzeit besiedelt war, erhielt man durch Ausgrabungen auf den Têt-Terrassen, wo 1 200 000 Jahre alte Überreste entdeckt wurden, d.h. aus der Zeit als die ersten Menschen vor über 1 500 000 oder vielleicht 2 000 000 Jahren über das Mittelmeer aus Afrika kommend Frankreich und Europa besiedelten.

Der kleinwüchsige (1 m 60), kräftig gebaute Tautavel-Mensch mit relativ kleiner Schädelgröße (1 050 cm3) kann als Vorfahre des Neandertalers betrachtet werden. Er lebte von der Jagd. Seine Beutetiere waren Pferde, Auerochsen, Merck-Nashörner, Mufflons und wilde Tiere wie Deninger-Bären und Höhlenlöwen.

VIELSAGENDES SCHWEIGEN

Für die darauffolgende Zeit hat die Archäologie keine Zeugnisse aufzuweisen. Trotzdem entwickelte sich die pyrenäische Kultur weiter. Der Beweis dafür sind Funde von Werkzeugen aus dem Moustérien (75 000 - 35 000 v.Chr.). Nennenswerte Spuren hinterläßt sie jedoch erst wieder ab der Homo-Sapiens-Stufe. Die bedeutendsten Funde wurden in der riesigen

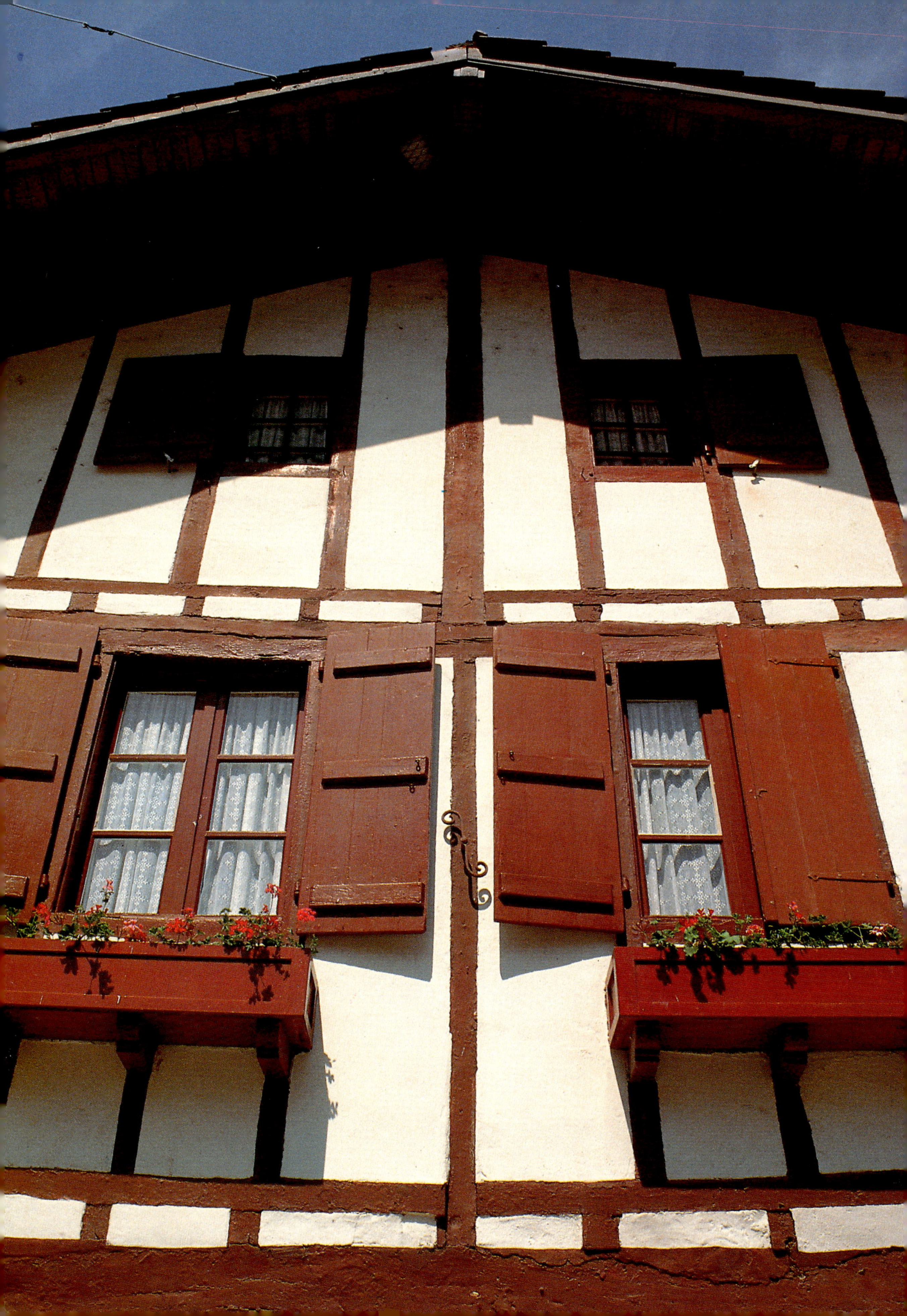

Tunnelhöhle von Mas d'Azil gemacht, wo Zeugnisse aus dem Aurignacien (30 000 v.Chr.), Solutréen (18 000 v.Chr.) und Magdalénien (12 000 v.Chr.) aufeinanderfolgen.

Zum Glück werden die Dunkelstellen der Geschichte und der Archäologie teilweise von der Ethnologie und der Linguistik erhellt, die auf das Vorhandensein eines großen Zivilisationsgebietes in Aquitanien und im Kantabrischen Gebirge hinweisen. Barandarian zufolge kann man daraus schließen, daß ein direkter Zusammenhang zwischen den heutigen Basken und den pyrenäischen Völkerstämmen aus dem Altpaläolithikum besteht. Das bedeutet jedoch nicht, daß das Gebirge keinen äußeren Einflüssen ausgesetzt war. Aus archäologischen Quellen wissen wir, daß die Romanisierung in den Gebirgstälern genauso intensiv war wie in der Ebene. Im Gegensatz zu anderen Regionen sollte die Übernahme der neuen Kultur jedoch nicht endgültig sein. Es folgten Phasen, in denen sich die einheimische Kultur dem romanisierenden Einfluß erfolgreich entzog. Das klassische Schema der «Barbareneinfälle» kann nicht ohne weiteres auf Südwestfrankreich angewendet werden. Bei den so gefürchteten «Barbaren» handelte es sich nicht immer um germanische Eroberer. Die Basken, auch Vasconen oder Gasconen genannt, kamen aus den Bergen Aragoniens, wohin sie sich geflüchtet hatten, und nutzten das Nachlassen des römischen Einflusses, um ihr früheres Gebiet, das sich bis zur Garonne erstreckte, zurückzuerobern. Durch die Rückkehr zur ursprünglichen Kultur, insbesondere im Baskenland, konnten Wörter, die direkt aus der paläolithischen Sprache stammen, beibehalten und lateinische und christliche Deutungen der Mythologie zum Teil übernommen werden. Mari, eine der Hauptgottheiten, liefert eines der eindrucksvollsten Beispiele dafür. Die in Höhlen lebende Göttin, zu denen sie den Zutritt verbot, indem sie Gewitter auslöste, war vermutlich von prähistorischen Zivilisationen übernommen worden.

Haus im baskischen Stil (Foto Bertrand Cabrol)

Eine der beliebtesten Sehenswürdigkeiten des Heimatmuseums von Lourdes: die Stadt Saint-Bertrand-de-Comminges wurde im Maßstab 1:100 auf der Bastion Chausenque wiederaufgebaut. Auf einer Terrasse in der Nähe hat die ehemalige Museumsleiterin verkleinerte Modelle (1:10) gebaut, an der wir die Vielfalt der pyrenäischen Wohnstätten erkennen (baskisches Wohnhaus, Bauernhaus von Campan, Dorf der Gegend Haut-Aragon, Kirche von Lyz, Saint-Martin-du-Canigou) (Foto Patrick Bernière).

Diese außergewöhnliche Fähigkeit, gegen die Übernahme einer fremden Kultur anzukämpfen, ist in der Schlacht von Roncevalles versinnbildlicht. Im Jahre 778 wird die Nachhut Karls des Großen auf dem Rückweg von einem Schlachtzug gegen die Sarazenen von den Basken in einen Hinterhalt gelockt und vernichtet. Zahlreiche Dunkelstellen umgeben dieses legendenumwobene Ereignis. Alles wurde in Frage gestellt, die Vasconen wurden zu Mauren, und das Schlachtfeld wurde zwischen dem Baskenland und Cerdagne hin- und hergelegt. Doch sind diese wissenschaftlichen oder pseudowissenschaftlichen Streitigkeiten kaum von Interesse angesichts der Bedeutung, die man in den Heldenliedern und im Baskenland diesem Ereignis beimaß. Erstere rühmen den Ort : «hoch sind die Berge, dunkel die Täler» und die Gestalten der Schlacht: Roland wird zum Neffen des Kaisers, sein Abenteuer zum Heldenepos, das Ritter und Kreuzfahrer inspiriert. Was die Basken anbetrifft, so singen sie das Lied, das ihren Sieg rühmt, heute noch.

Obwohl es geschichtlich nicht die gleiche Bedeutung hat wie in der Literatur, kündet die Episode von Roncevalles das Ende der fränkischen Ambitionen in den Pyrenäen an, denn schon bald darauf fällt ein weiteres Frankenheer in den Hinterhalt eines Basken mit vielversprechender Zukunft : Inigo Arista.

DIE GESCHICHTE WIRD ZUM OPFER DER GEOGRAPHIE

Zwischen der fränkischen und islamischen Welt eingezwängt, scheinen sich die Pyrenäen mit einer Zukunft als Grenzland abfinden zu müssen, in dem sich kriegerische Truppen bestenfalls gegenseitig beobachten und schlimmstenfalls bekämpfen. Die Bergbewohner sehen dies jedoch anders.

Auf beiden Seiten der Gebirgskette bemüht man sich darum, große Schicksale aufzubauen. Das bedeutendste nimmt im Osten mit dem katalanisch-aragonischen Bündnis seinen Anfang. Es entsteht auf den

Die Schwarzen Büßer des Sanch-Ordens symbolisieren das Festhalten der Katalanen an ihren Traditionen, wenn sie alljährlich am Karfreitag durch die Altstadt von Perpignan ziehen. Sie geben dabei ihrer Freude und Trauer durch Gesang Ausdruck und tauchen die Stadt in eine Atmosphäre religiöser und mystischer Begeisterung. (Foto Bertrand Cabrol)

Trümmern des karolingischen Reiches. Nach der Thronbesteigung Hugo Capets, werden sich die Grafen von Barcelona, theoretisch Vassallen der fränkischen Herrscher, bewußt, daß sie von der neuen Dynastie, deren Horizont kaum über die Grenzen der Ile de France hinausreicht, keine große Hilfe erwarten können. Allein im Kampf gegen den Islam nutzen sie die zweifelhafte Legitimität des neuen, vom deutschen Kaiser eingesetzten Herrschers, um von ihm abzuschwören. Von jeglicher Oberherrschaft befreit, sind sie de facto, wenn nicht gar von Rechts wegen unabhängig. Die Zukunft öffnet sich ihnen. Doch müssen sie zuerst alle Katalanen zusammenführen. Der Feldzug gegen Cordoua im Jahre 1010 gibt ihnen Gelegenheit dazu. Ganz Katalonien von Norden nach Süden ist auf ihrer Seite: die drei Grafschaften Barcelona, Urgel und Besalu wie auch die vier Bistümer Barcelona, Elne, Gerona und Vic.

Katalonien : Aus Grafschaften werden Königreiche

Auf seine allgemein anerkannte Vorrangstellung bauend, kann das Haus Barcelona mit dem Zusammenschluß der einzelnen katalonischen Grafschaften beginnen. 1117 wird ihm Cerdagne angeschlossen, 1172 Roussillon, dessen letzter unabhängiger Graf es Alphons von Barcelona überträgt. Seine eigentliche Größe erhält das Haus Barcelona jedoch durch seine Union mit der Dynastie von Aragonien, die ihm 1137 zusätzlich die Königswürde einbringt und neue Ambitionen verleiht.

Entsteht da etwa ein großer, sich beiderseits der Pyrenäen erstreckender Staat ? Die Frage ist gar nicht so abwegig, denn die aragonischen Herrscher scheinen dem Reiz Okzitaniens zu erliegen. An der Spitze einer der Großmächte des mittelalterlichen Abendlandes stehend, erhalten sie durch Heirat die Grafschaft von Montpellier und knüpfen enge Bande mit den Grafen von Toulouse und der Provence.

Es scheint sich eine Konföderation Kataloniens und Okzitaniens anzubahnen. Doch wird diese Hoffnung durch die Niederlage und den Tod Peters I. von Aragonien bei der Schlacht von Muret 1213 zunichte gemacht. Peter war seinem Schwager Raimund VI. von Toulouse, dem Verteidiger der Katharer im Kampf gegen den von dem fanatischen und blutrünstigen Simon de Montfort geführten Kreuzzug, zu Hilfe geeilt.

Ob auf französischer oder auf spanischer Seite wie hier in Tella, die Megalithen zeugen von der großen frühgeschichtlichen Vergangenheit der Pyrenäen (Foto Jacques Jolfre).

Die Niederlage von Muret ist eine Katastrophe für Katalonien aber auch für die Pyrenäen und Okzitanien, obwohl die katalanischen und aragonischen Herrscher noch einige Siege davontragen. Dem Sohn Peters I., der den Beinamen Jakob der Eroberer trägt, gelingt es, seine Ländereien bis nach Mallorca auszudehnen. Eine Ausdehnung nach Norden ist unmöglich, und bei seinem Tod werden seine Besitzungen zwischen seinen zwei Söhnen aufgeteilt. Die Grafschaften Roussillon und Cerdagne, Montpellier und die Balearen gehen an Jakob zurück, der als Hauptstadt Perpignan wählt, wo er den Palast der Könige von Mallorca bauen läßt. Katalonien und Aragonien fallen an Peter. Durch seine verstreut liegenden Ländereien und seine Lage zwischen Frankreich und Aragonien geschwächt, verliert das Königreich von Mallorca 1344 beim Einmarsch der katalonisch-aragonischen Truppen in Perpignan, die von Jakob II. zur Bekämpfung der Franzosen herbeigerufen worden waren, seine Unabhängigkeit. Anstatt einen Neubeginn der pyrenäischen Geschichte einzuleiten, ist die Wiedervereinigung der katalanischen Gebiete nur ein weiterer Schritt zum Niedergang, denn das Geschlecht Barcelona-Aragonien erlischt 1410. Zwei Jahre später beginnt mit der Thronbesteigung Ferdinands I. von Kastilien eine neue Dynastie in Aragonien, die jedoch jenseits der Pyrenäen keine neuen Ambitionen einbringt. Die Heirat Ferdinands mit Isabelle von Kastilien im Jahre 1469, das Ende der Reconquista und die großen Entdeckungen machen die Pyrenäen schließlich zu einem Randgebiet des iberischen Raums.

Der Aufstieg Navarras

Auch im Westen entsteht auf den Trümmern des karolingischen Imperiums ein neuer Pyrenäenstaat: Navarra. Während jedoch die Urheber Kataloniens ehemalige Vertreter der kaiserlichen Gewalt sind, ist der starke Mann auf der baskischen ein Gegner der Franken: Inigo Arista. Siebenunddreißig Jahre nach Roncevalles gelingt es ihm, die karolingische Armee in einen Hinterhalt zu locken und der fränkischen Eroberungslust im Baskenland ein Ende zu machen. Gleich darauf setzt er die profränkische Partei der Basken ab. Als kein Gegner mehr in der Lage ist, sich seinem Aufstieg entgegenzusetzen, läßt er sich zum König von Pamplona ernennen und gründet eine Dynastie, die in der Zukunft des Baskenlandes und der Westpyrenäen eine ausschlaggebende Rolle spielen sollte. Anfangs beschränken die Herrscher von Navarra ihren Ehrgeiz auf die spanische Seite. Zu Beginn des 11. Jahrhunderts bietet sich ihnen durch die Schwächung des Emirats von Cordoua die Möglichkeit, sich dem Nordhang der Pyrenäen zuzuwenden. König Sancho der Starke vereint alle Basken unter einer Zentralgewalt, gründet die Vizegrafschaften Labourd und Soule und geht mit den Herzögen von Aquitanien und Gascogne eine Allianz ein. Die Tatsache, daß sich durch die Allianz der Basken und Gaskonen zwei unterschiedliche Zweige ein und derselben Familie wiedervereinen, jagt den Gegnern Angst ein, während Sanchos Heere das von den Sarazenen belagerte Spanien verwüsten. Ein großer Pyrenäenstaat ist im Entstehen begriffen. Doch Sancho hält sich an die Tradition und teilt seine Güter unter seinen Söhnen auf. Die Königswürde bleibt zwar erhalten, doch ist die Aussicht auf die Krone von Pamplona verloren.

Die gallorömische Fundstätte am Fuß von Saint-Bertrand-de-Comminges widerlegt die Theorie, die besagte, die Pyrenäen hätten sich der Romanisierung entzogen (Foto Jacques Jolfre).

Navarra gelingt weder die Vereinigung der Pyrenäenstaaten noch der Zusammenschluß der baskischen Provinzen.

Foix-Béarn, von der Autonomie zur Souveränität

Wenn die Vereinigung nicht von den Randgebieten ausgeht, kommt sie vielleicht aus dem Herzen des Gebirges? Eine dritte Dynastie, Foix-Béarn, scheint da Erfolg zu haben, wo Katalanen und Navarrer versagt haben.

Die Vizegrafen von Béarn, ursprünglich einfache Grundherren eines kleinen Gebietes, vergrößern ihre Güter allmählich, bevor sie sich von der Vorherrschaft durch das Herzogtum von Aquitanien, das wiederum dem König von England untersteht, befreien. Doch bleiben sie deshalb nicht weniger Vassallen. Sie kämpfen an der Seite der katalanischen und aragonischen Herrscher in Spanien und im Norden der Pyrenäen, wo sie sich am Kampf gegen die «Kreuzfahrer» beteiligen. Im 13. Jahrhundert jedoch, als die Reconquista sich vom Ebrobecken abwendet und die Niederlage von Muret der Solidarität des Südens ein Ende setzt, werden sie schließlich völlig unabhängig. Und als 1296 Margarete, die Tochter des letzten Vizegrafen von Béarn, den Grafen von Foix, Roger-Bernard III., heiratet, bringt sie ein Land in die Ehe, das über große Bewegungsfreiheit verfügt. Die Dynastie der Foix Béarn, die aus dieser Union hervorgeht, sollte später eine wichtige Rolle in der Geschichte Südwestfrankreichs spielen.

Unter Gaston III. (1343-1391), Phöbus genannt, erreicht sie ihren Höhepunkt. Er nutzt den Streit zwischen Frankreich und England aus, um ein ehrgeiziges Ziel anzustreben: die Eroberung aller Gebiete, die seine Besitzungen voneinander trennen, und die Gründung eines großen Pyrenäenstaates, über den er als alleiniger Herrscher gebietet. Er besiegt die Armagnacs, beherrscht den Nordhang der West- und Zentralpyrenäen und unterhält einen glänzenden Hofstaat. Durch das Drama von Orthez (siehe weiter unten) sind ihm Nachkommen versagt. Doch wollen seine Untertanen einen Herrscher. Sie

Folgende Seiten:
Durch den starken Einfluß der Vasconen (Basken) in den Pyrenäen hat das Hochmittelalter nur wenige Baudenkmäler hinterlassen. Die Lebensbedingungen der Europäer dieser Zeit wurden im Dorf «An Mil» im Aure-Tal naturgetreu rekonstruiert (Foto Jacques Jolfre).

Der Palast der Könige Mallorcas (13. und 14. Jh.) ist der älteste, noch erhaltene Königspalast Frankreichs. Er stammt aus der Zeit, als Perpignan gleichzeitig Hauptstadt eines Kontinental- und Inselstaates war (Foto Bertrand Cabrol).

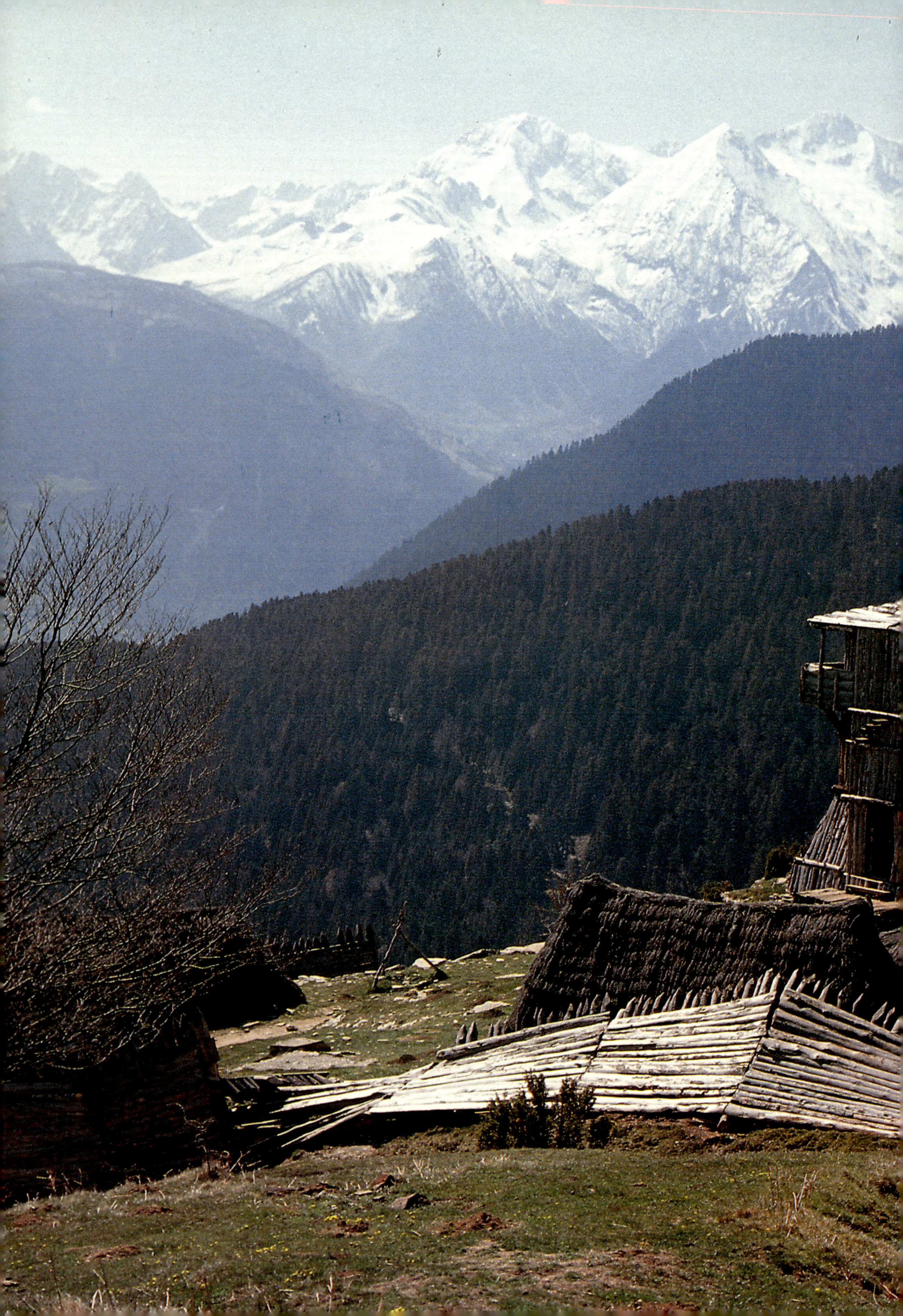

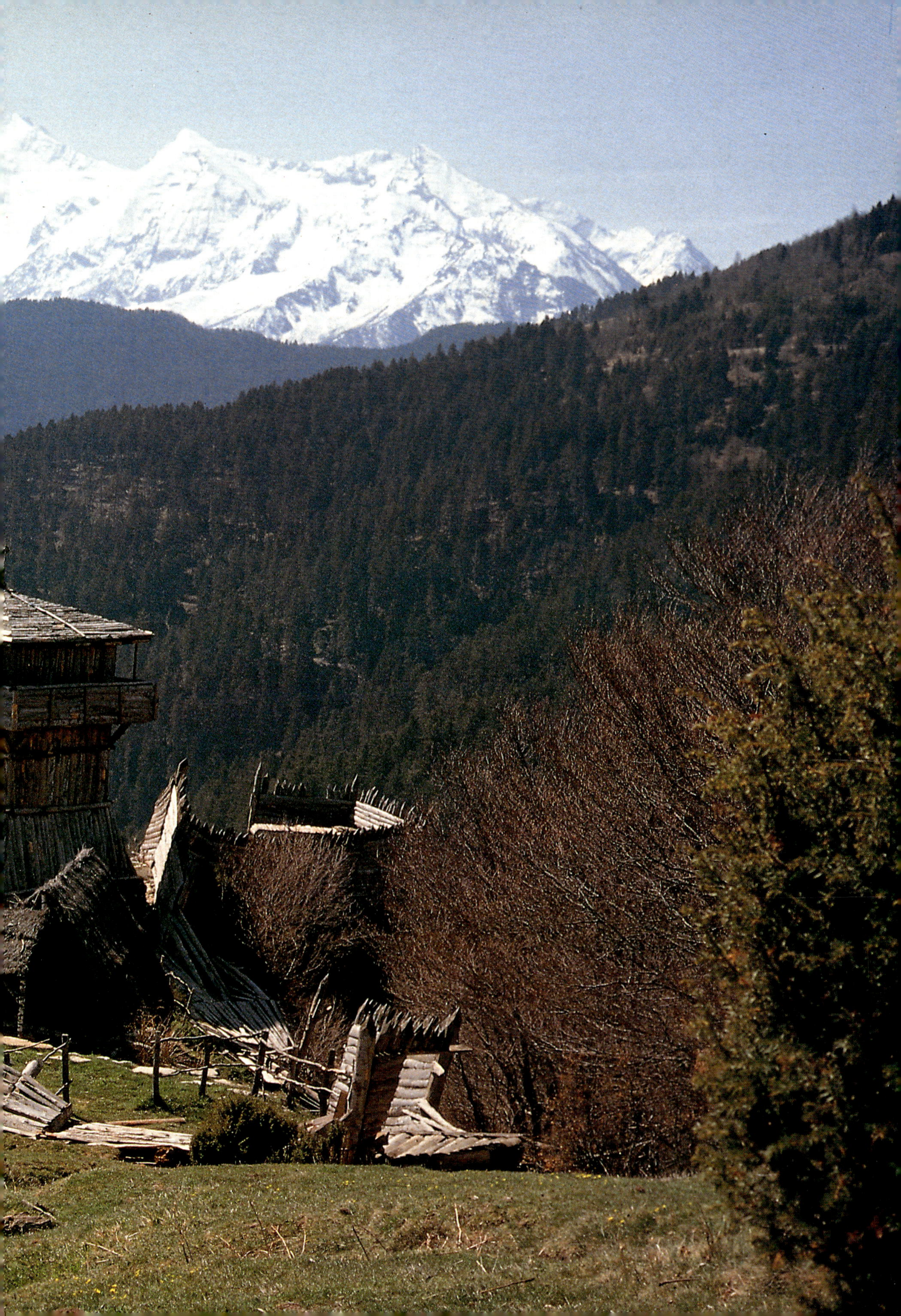

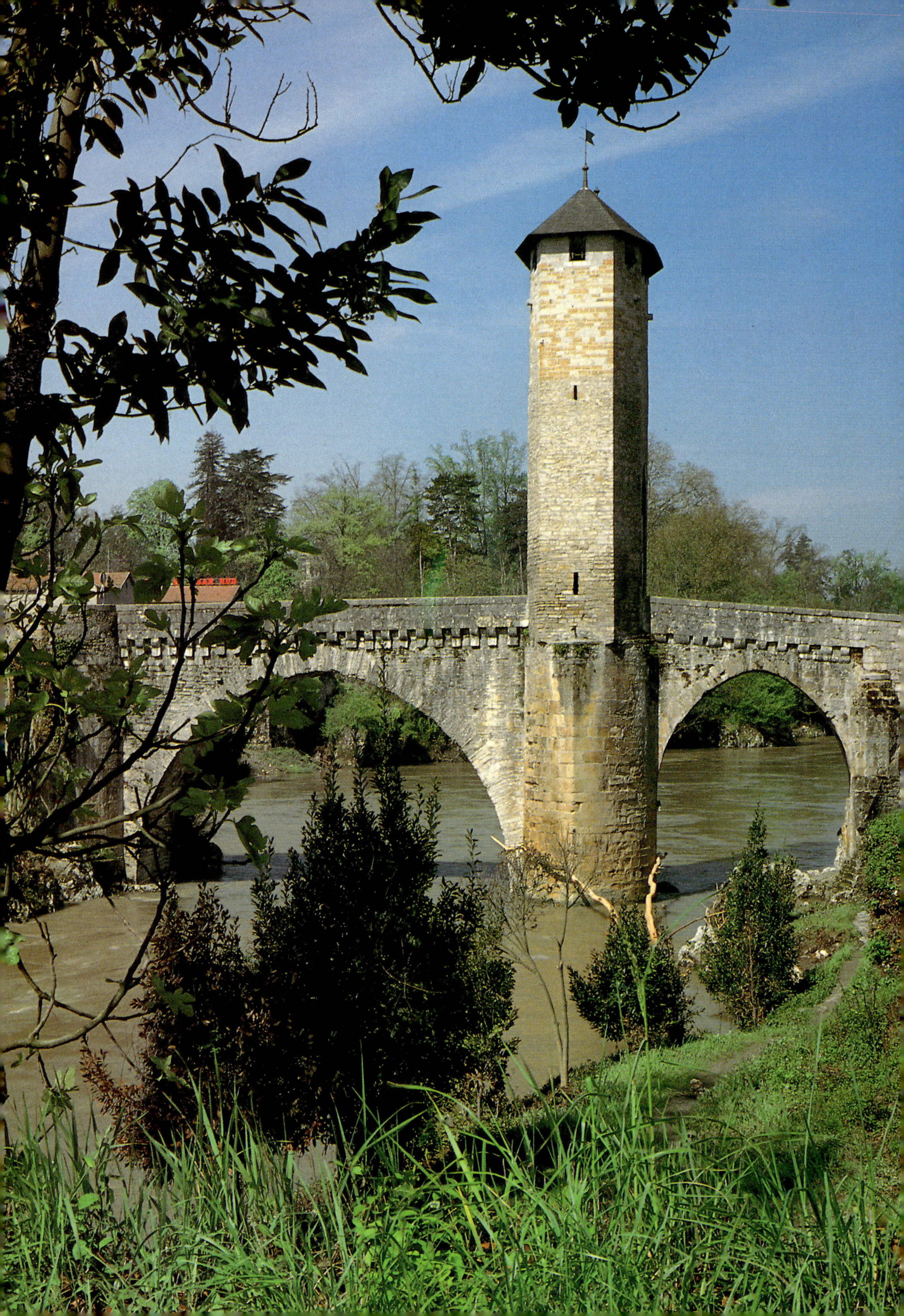

Die Pyrenäen sind reich an gut erhaltenen romanischen Baudenkmälern von ergreifender Schlichtheit (hier Sainte-Léocadie in Cerdagne). (Foto Albert Rèche).

ernennen deshalb einen neuen Grafen, Mathieu de Castelbon. Während des 15. Jahrhunderts besteht die Souveränität der Grafschaft weiter, ohne daß man versucht, einen homogenen Gebietskomplex zu schaffen. Zwei in kurzer Zeit aufeinanderfolgende Ereignisse bringen die Dinge ins Wanken: 1472 die Matrimonialunion mit Navarra und 1483 die Heirat Katharinas von Foix-Béarn mit Johannes von Albret. Trotz des Anschlusses von Navarra - Niedernavarra ausgenommen - ist Heinrich von Albret (1517 - 1556) versucht, einen großen Pyrenäenstaat zu gründen. Der Bau der Zitadelle von Navarrenx ist der Auftakt zur Wiedereroberung. Sein ultramontaner Ehrgeiz ist von kurzer

*Links:
Die in ihrer Mitte von einem Turm (1370) bewachte Brücke Pont-Vieux zeugt von der Glanzzeit des Herrscherhauses Foix-Béarn unter Gaston Fébus (Foto Patrick Bernière).*

Dauer. Die Spuren, die er in der Geschichte hinterläßt, sind eher seiner Ehe mit Margarete von Angoulême zu verdanken, durch die das Béarn an Frankreich geht. Ihre Tochter Jeanne heiratet Anton von Bourbon. Aus dieser Ehe geht Heinrich von Navarra hervor, der 1572 durch Heirat Schwager der letzten Valois-Könige wird, bevor er 1589 als Heinrich IV. den französischen Thron besteigt und seine pyrenäischen Erblande mit der französischen Krone vereint. Unter Ludwig XIII. vollzieht sich die Union ganz.

VON GOTT UND KREUZZÜGEN, DIE JAHRHUNDERTE DER GLAUBENSKRIEGE

Das Mittelalter ist reich an bedeutenden Ereignissen, wenn diese auch zu keiner dauerhaften politischen Struktur führten. Diese Zeit ist in den Pyrenäen aber auch von Glaubenseifer und intensiver Zivilisierung geprägt.

Es ist die Epoche der Santiago-Pilger, die aus ganz Europa kommend die Pyrenäen überqueren. Zahlreiche romanische Kirchen säumen die Pilgerstraße. Sie zeugen von der tiefen Verwurzelung der romanischen Kunst in den Pyrenäen, die sich harmonisch der natürlichen Umgebung anpaßt und den Versuchen der Bettelorden, die Gotik einzuführen, erfolgreich widerstanden hat. Die Pyrenäen und Katalonien gehören übrigens zu den bedeutendsten Zentren der romanischen Baukunst, in denen sie teilweise sogar ihren Ausgang nahm. In Katalonien zeichnet sich die Romanik durch die Schönheit der gewaltigen, von Zwillingsfenstern geschmückten Kirchtürme, die trotz ihres Umfangs schlank in den Himmel ragen, und den Reichtum des Skulpturenschmucks aus, dessen Grazie durch die Verwendung von rosa Marmor noch betont wird.

Die fein skulptierten Kapitele stehen in krassem Gegensatz zu der grausamen Zeit, die das Vorland der Ostpyrenäen während der Bekämpfung des Katharismus erlebt. Über wenige Ereignisse in der Geschichte wurde soviel geschrieben wie über diese Häresie. Die Zahl der schriftlichen Quellen zu diesem Thema ist jedoch umgekehrt proportional zu der Zahl der veröffentlichten Werke, denn die Lehre wurde mündlich weitergegeben.

Die Bewegung der Katharer (griechisch die «Reinen»), die sich im Languedoc Mitte des 12. Jahrhunderts verbreitete, beruht auf einem Grundprinzip: die vollkommene Trennung zwischen Gut (Seele, Geist, Gott) und Böse (alles was die Seele auf der Erde umgibt, das Werk des Teufels).

Nur einigen Auserwählten gelingt es, sich vom Einfluß Satans ganz zu befreien. Es sind die «guten Menschen», die Reinen, die Vollkommenen, die sich durch ein strenges asketisches Leben von materiellen Zwängen und Einflüssen befreien. Man erkennt die Wanderprediger an ihren langen Haaren und ihrer schwarzen Kleidung. Ihre Nahrung verdanken sie mildtätigen Gaben von Sympathisanten.

Indem sie bestimmte Dogmen der katholischen Kirche wie zum Beispiel die Inkarnation ablehnen, das Alte Testament und die Offizielle Kirche als das Werk des Teufels bezeichnen und der Geistlichkeit ein Leben im Überfluß, dem sie die strenge Lebensweise der Vollkommenen entgegenhalten, vorwerfen, ziehen die Katharer bald den Bannstrahl der Kirche auf sich.

Die Antwort ist umso heftiger als die Häresie, obwohl sie nur eine Minderheit der Bevölkerung betrifft, die geistige, meist antiklerikale Elite für sich gewinnt. 1209 zieht Simon de Montfort an der Spitze eines Kreuzzuges aus Nordfrankreich kommend ins Languedoc ein. Die Festungen der abtrünnigen, katharerfreundlichen Grundherren werden eine nach der anderen zurückerobert. Montségur, das als Symbol für den Widerstand galt, wird 1244 eingenommen. Die letzte Zitadelle, Quéribus, fällt 1255.

«ES GIBT KEINE PYRENÄEN MEHR»

Im Mittelalter wird die Solidarität, die das Leben der Gebirgsbewohner grundlegend prägt, zu einer festen Einrichtung. Die Gebirgstäler bringen ihren Freiheitssinn zum Ausdruck. Sie werden zu autonomen Republiken, deren Rechte von den Herrschern und Grafen offiziell anerkannt werden, indem sie ihnen Gerichte zusprechen. Hauptorgan dieser Selbstverwaltung ist der Verband, der neben den Verwaltern aus Vertretern aller Gemeinden besteht.

Durch ihre Solidarität können sich die Talbewohner gegenüber der Obrigkeit behaupten. Sie ist aber auch eine Antwort auf die Herausforderung der Natur. Im Gebirge ist Weideland rar, und die einzige Möglichkeit zu überleben, ist die Solidarität. Ohne sie wäre die Nutzung der Wiesen und Wälder, die das Wesentliche des Lebensunterhaltes ausmachen, unmöglich.

Wenn das System der Talrepubliken aufgrund der ungleichmäßigen Verteilung des Bodens auch nicht völlig demokratisch ist, stellt es für die Bergbewohner immerhin den Vorteil dar, nicht betteln zu müssen, was ihren Kollektivstolz verletzen würde. Es kommen noch weitere «Sicherheitsventile» hinzu, um den Ausdruck von François Soulet wiederzugeben, insbesondere die Solidarität zwischen dem Nord- und Südhang der Pyrenäen. Dank zahlreicher Abkommen können die Weideflächen beiderseits kollektiv genutzt werden (Transhumanz). Und bei wetterbedingten Hungersnöten macht der klimatische Gegensatz der zwei Gebirgsseiten Hilfe zwischen Franzosen und Spaniern möglich. Zudem wird die Emigration durch die Möglichkeit der Wahl zwischen Frankreich und Spanien erleichtert.

Das lange Zeit wirksam gewesene Solidaritätssystem beginnt in der zweiten Hälfte des 18. Jahrhunderts schwächer zu werden, wobei zahlreiche Faktoren eine Rolle spielen. Schuld daran sind insbesondere die Schafzuchtkrise, die durch die Konkurrenz des in manchen Tälern neu entstandenen Weidelandes hervorgerufen wird, aber auch das Nachlassen der Beziehungen zwischen den Bewohnern der zwei Gebirgshänge aufgrund der Zentralisierungspolitik beider Monarchien, die sich der Transhumanz aus Hygienegründen widersetzen. Die seit Generationen bestehenden Abkommen werden nur noch geduldet. Gleichzeitig werden die Beziehungen zum Vorland durch den Bau von Straßen begünstigt, die Anreise der Kurgäste zu den Thermalbädern erleichtern sollen.

Paradoxerweise wurde ein Jahrhundert vor diesem Bruch im Jahre 1659 bei dem auf der Bidasoa geschlossenen Pyrenäenfrieden die Union der zwei Dynastien durch die Heirat Ludwigs XIV. und der Infantin Maria Theresia (die im darauffolgenden Jahr in Saint-Jean-de-Luz stattfand) beschlossen, wobei das Grenzproblem dadurch gelöst wurde, daß Spanien Frankreich die Grafschaft Roussillon und einen Teil der Grafschaft Cerdagne abtrat. Dieser Friedensvertrag machte es ein halbes Jahrhundert später möglich, daß der Herzog von Anjou König Philipp V. von Spanien wurde und veranlaßte seinen Großvater, Ludwig XIV. zu dem berühmten Spruch: «Es gibt keine Pyrenäen mehr». Die Reaktion der Bewohner der Pyrenäen auf die Verlegung der Grenze war die Einführung eines neuen Nationalsports, nämlich der Schmuggelei.

DIE SCHRECKLICH SCHÖNEN BERGE

Die Flachland- und Stadtbewohner hielten die Pyrenäen lange Zeit für eine geheimnisvolle, furchterregende Welt. Noch im 17. Jahrhundert meinten viele, die «Berge seien Brachland, in dem es nichts Schönes gibt, nur schreckliche Einsamkeit»; für andere wiederum waren diese «schrecklichen Berge» voller Gefahren: «man muß tot sein oder bald sterben wollen, um sich in diesem Land der Bären und Wölfe niederzulassen, wo erstere dem Menschen arglistig folgen und sich von ihrem Fleisch ernähren, wenn es ihnen gelingt, sie zu fangen».

Doch ziehen die Pyrenäen trotz ihres schlechten Rufes die Menschen an, denn sie besitzen ein kostbares Gut: die heilende Kraft des Wassers.

Die bei den Gebirgsbewohnern schon seit jeher bekannten Heilquellen ziehen im 16. Jahrhundert berühmte Persönlichkeiten an wie zum Beispiel Margarete von Navarra, die Cauterets als Schauplatz für eine der Novellen ihrer Sammlung «Das Heptameron» wählt, oder Montaigne, der sich in Bagnères aufhält. Danach lassen Madame de Maintenon und Louvois den Ort Barèges in Mode kommen.

Über ihren mondänen Charakter hinaus tragen die Thermalbäder immerhin dazu bei, daß man sich von den Bergen kein trauriges und häßliches Bild mehr macht. Ein Aufenthalt im Badeort ist meist mit Ausflügen verbunden, die den Spaziergängern die Schönheit der Gebirgslandschaft der Pyrenäen enthüllen und ihre Neugier wecken.

Unter dem Einfluß der Präromantik und des enzyklopädischen Geistes des 18. Jahrhunderts werden einige abenteuerlustige Gelehrte zu «Entdeckern der Pyrenäen». Der berühmteste unter ihnen ist Louis Ramond de Carbonnières, kurz Ramond genannt. 1755 in Straßburg geboren, entdeckt er die Gebirgskette mit 32 Jahren und besteigt auf Anhieb den Pic du Midi de Bigorre. Seine Begeisterung kennt keine Grenzen und er veröffentlicht 1759 seine «in den Pyrenäen gemachten Beobachtungen» und beschließt, sein Leben der Suche nach der höchsten Erhebung der Gebirgskette zu widmen.

Auf die Wissenschaftler während der Aufklärung folgen im 19. Jahrhundert die Romantiker. Die herausragende Gestalt dieser beschaulichen Wanderer ist Henry Russell. Der in Toulouse als Sohn eines irischen Vaters und einer aus der Gascogne stammenden Mutter geborene Abenteurer entdeckt die Pyrenäen beim Lesen der «Voyage pédestre» (Reisen zu Fuß) von Chausenque, einem Pyrenäenkenner der ersten Generation. Er, der die Welt von den Anden über Ozeanien bis nach Asien bereist hat, beschließt, sich nur noch mit der Erforschung dieser so nahen und gleichzeitig fremden Berge zu beschäftigen. Russel, der seine Freunde zum Tee vor der Höhle von Vignemale empfängt und den seine malvenfarbigen Tücher berühmt machen, wird zur originellsten Gestalt dieser Zeit, in der

Die von einem schwindelerregenden Felsvorsprung das Corbières-Massiv überragende Zitadelle Quéribus war eine der fünf Burgen, die die Katharerhauptstadt Carcassonne bewachten. Wie ihre Schwestern Aguilar, Puilaurens, Termes und Peyrepertuse zählt sie zu den Katharerburgen, obwohl sie nach dem Kreuzzug stark umgebaut wurde. Nach dem Pyrenäenvertrag (1659) verlor sie ihre strategische Bedeutung und wurde allmählich dem Verfall preisgegeben (Foto Jacques Jolfre).

Die Erschließung der Pyrenäen zum Wintersportgebiet, die unter dem Ancien Regime mit den in Mode kommenden Thermalbädern begonnen hatte, erfuhr im 20. Jahrhundert einen gewaltigen Aufschwung. Alle Arten Wintersport können hier ausgeübt werden (hier Skilanglauf im Luchonnais). (Foto Jacques Jolfre).

man die Berge mit Gamaschen und Hut durchstreift.

Henri Brulle verleiht den Pyrenäen gegen Ende des Jahrhunderts eine neue Dimension, den Sport. Bergsteigen und Klettern stehen von nun an auf der Tagesordnung.

Noch viele weitere berühmte und unbekannte Gestalten, die an der Entdeckung der hohen Gipfel teilhatten, verdienten es, genannt zu werden. Doch gehört zur Entdeckung der Pyrenäen auch die Erforschung der Tiefen. Diesmal heißen die herausragenden Gestalten Edouard Martel und Norbert Casteret. Ersterer, der als Begründer der Höhlenforschung betrachtet wird, besichtigt im Alter von sieben Jahren in den Pyrenäen erstmals eine Höhle (Gargas). Berühmtheit erlangt er jedoch durch seine Forschungsarbeiten im Massif Central. Casteret dagegen ist ein einheimischer Forscher. Ihm verdanken wir die Erforschung der meisten Höhlen der Pyrenäen. Er war es auch, der die eigentliche Quelle der Garonne entdeckte, indem er ihr Wasser färbte.

DER FREMDENVERKEHR HÄLT SEINEN EINZUG

Die in Mode kommenden Thermalbäder und die Pionierarbeit der Pyrenäenforscher öffnen das Gebirge im 19 Jahrhundert dem Tourismus. Die zahlreichen Neuauflagen des *Guide Joanne*, des Vorgängers des *Guide Bleu,* sind der Beweis dafür. Doch trägt die Berühmtheit von Lourdes als Wallfahrtsort auch zu diesem Erfolg bei. Das Ganze beginnt am 11. Februar 1858. Drei arme kleine Mädchen, Antoinette-Marie und Bernadette Soubirous gehen in Begleitung einer ihrer Freundinnen in den Wald, um trockenes Holz zu sammeln. Als sie vor der Massabielle-Grotte vorbeikommen, erscheint Bernadette eine «Wunderbare Frau». Die Erscheinung, «aquero» (das) wie Bernadette es nennt, wiederholt sich 17mal. Die ganze Stadt lebt im Rhythmus des Ereignisses, der Pfarrer und der Polizeikommissar mischen sich ein, und die Eltern Soubirous werden aufgefordert, ihre Tochter von der Grotte fernzuhalten. Die zivilen und kirchlichen Behörden, anfangs noch ungläubig, schließen sich der Meinung der Kaiserin Eugenie an, die Napoleon III. bittet, die Verehrung der Mutter Gottes an der Grotte zu gestatten. 1862 erkennt der Bischof von Tarbes die Marienerscheinungen offiziell an. Von da an geht alles sehr schnell. Bereits 1867 reicht der Ruf von Lourdes weit über die Grenzen der Region hinaus. Die Stadt wird zum größten Wallfahrts-

In den Pyrenäen werden nicht nur die Höhen, sondern auch die Tiefen erforscht (hier die Höhle von Casteret im Marboré). (Foto Jacques Jolfre)

ort Frankreichs und der Christenheit, den jährlich fünf Millionen Gläubige, in 700 Zügen und 400 Sonderflugzeugen anreisend, besuchen.

In den Pyrenäen, die seit dem 19. Jahrhundert mit Lourdes an Touristenströme gewohnt sind, fehlt jetzt nur noch der Wintersport. Dieser hält 1903 dank Palois, Henri Sallenave, der als erster die Ski anschnallt, seinen Einzug. Vier Jahre später zählt man in Barèges... 12 Skifahrer. Die ersten Wintersportorte entstehen in der Zeit zwischen den zwei Weltkriegen: Gourette, Cauterets, Barèges, La Mongie, Luchon, Montlouis und Font-Romeu. 1931 wird der erste Skilift in Betrieb genommen, doch die «echten Sportler» benutzen ihn nicht, denn er bringt sie um das Vergnügen den Berg zu Fuß zu besteigen. Der Wintersport läuft langsam aber sicher an. Die 39 dynamischen Wintersportorte am Nordhang und die vielfachen Arten des Skisports (Abfahrtski, Langlauf, Monoski, Surf...) sind der Beweis dafür.

Die grünen Pyrenäen des Baskenlandes

Das Baskenland, das oft nur das Bild eines hüpfenden Tänzers, eines mondänen Badeortes der Belle Epoque oder einer Villa mit rotgrünen Fensterläden heraufbeschwört, ist in Wirklichkeit viel mehr als ein abgeschiedenes, neu entdecktes Paradies. Volk und Land haben einen stark ausgeprägten, komplexen Charakter. Dieser zeigt sich in den Traditionen, den Wohnhäusern, den sogenannten «etxe», den runden Grabstelen und insbesondere in der eigenartigen Sprache, dem «euskara», dem keine andere Sprache gleicht und das vorindogermanischen Ursprungs ist.

Die den Atlantik überragenden Pyrenäen umfassen nur einen Teil der baskischen Provinzen. Der von ozeanischen Einflüssen stark geprägte baskische Teil der Pyrenäen ist eine freundliche Hügellandschaft, deren grüne Wiesen, wenn es Herbst wird, im Goldbraun des Farns und im Rotgold der Kastanienbäume und Buchen erstrahlen. Hie und da ragen auch hohe Gipfel empor, insbesondere in der Landschaft Haute Soule, wo das Gebirge von tiefen Schluchten durchzogen ist.

BAYONNE UND DIE BASKISCHE KÜSTE

Als Pforte zum Baskenland und zu Spanien ist die am Zusammenfluß des Adour und der Nive gelegene Stadt Bayonne das Bindeglied zwischen dem Flachland der Gascogne und den baskischen Bergen. Wie alle Hafenstädte lädt Bayonne zum Bummel entlang der Uferkais und durch die Altstadt ein. Der Stadtteil Grand-Bayonne, das eigentliche Zentrum, erstreckt sich westlich der Nive. Sehenswert sind der Place de la Liberté, den arkadengeschückte Fassaden (Rathaus und Theater aus dem Jahr 1842) und große Cafés säumen, die Rue du Port (schöne bogengeschmückte Häuser) und die Rue de la Monnaie. Sie führen zum wichtigsten Bauwerk der Stadt, der Kathedrale Sainte-Marie, die man an ihren zwei hohen gotischen Turmspitzen erkennt. Sie ist eines der spätesten gotischen Bauwerke Frankreichs, denn sie wurde im 13. Jahrhundert begonnen und erst im 16. Jahrhundert fertiggestellt. An der Südseite grenzt ein sehr schöner Kreuzgang aus dem 14. Jahrhundert an. Beim Bummel durch die Straßen sollte man in einem Café oder einer Konditorei Halt machen, um die zwei köstlichen Spezialitäten von Bayonne, die Schokolade und den Touron, eine Art Nougat, zu kosten. Östlich der Nive liegt der Stadtteil Petit-Bayonne mit seinen schönen, sich im Fluß spiegelnden Häuserfassaden. Er beherbergt auch die zwei großen Museen der Stadt: das *Musée basque* (vorübergehend geschlossen), ein Heimatmuseum, das der baskischen Geschichte und Volkskunde gewidmet ist, und das Musée Bonnat, das eine außergewöhnliche Sammlung Kunstwerke besitzt.

BIARRITZ, SAINT-JEAN-DE-LUZ

Biarritz, das mit Bayonne und Anglet zu einem großen Ballungsraum zusammengewachsen ist, war einst Treffpunkt von Fürsten und Königen. Heute ist es ein beliebtes Ferienziel am Ozean inmitten einer Küstenlandschaft, in der steile, kaskadenförmig abfallende Felsen und Sandstrände einander abwechseln. Sehenswert sind der Leuchtturm, die Villen, die von der großen Vergangenheit der Stadt zeugen, der kleine Fischereihafen, das Musée de la Mer und der berühmte Felsen der Jungfrau.

Die Nive und ihre Uferpromenade in Bayonne (Foto Bertrand Cabrol).

Eines der zahlreichen Rätsel, die uns das Baskenland aufgibt, ist der Ursprung der diskoidalen Stelen (hier auf dem Friedhof von Sainte-Engrâce in Soule). (Foto Bertrand Cabrol).

Wie Biarritz ist auch Saint-Jean-de-Luz eine Stadt am Meer. Doch ist es kein vom Baustil des 19. und 20. Jahrhunderts geprägter Badeort wie seine mondäne Nachbarin, denn es konnte den Charakter und die Atmosphäre einer baskischen Stadt bewahren, wenn auch der Hafen, in dem einst Seefahrer und Korsaren das Bild beherrschten, heute ein bedeutendes Wassersportzentrum ist. Von der Vergangenheit der Stadt zeugen schöne, im 17 Jahrhundert von Reedern errichtete Stadthäuser. Eines der berühmtesten ist das Haus «Ludwigs XIV.», in dem der König wohnte, als er 1660 nach Saint-Jean-de-Luz kam, um die Infantin Maria Theresia von Spanien zu heiraten. Auch sein Hofstaat hielt sich anläßlich dieses Ereignisses einen ganzen Monat in der Stadt auf. Die Ehe wurde in der Kirche Saint-Jean-Baptiste geschlossen.

Eine schöne Küstenstraße führt nach Hendaye, gleichzeitig Grenzstadt und Badeort. Hier beginnt auch der Große Wanderweg Nr.10. Am anderen Ufer der Bidasoa, jenseits der Fasaneninsel, auf der der Pyrenäenvertrag unterzeichnet wurde, beginnt die Küste der Provinz Guipuzçoa mit den malerischen Orten Pasjés de San-Juan und San Sebastian (Bucht und Strand).

DER RHUNE
UND DAS TAL DER NIVELLE

Einige Kilometer nach Saint-Jean-de-Luz im Nivelle-Tal, das malerische Dörfer säumen, beginnen die Berge. Ascain nimmt den Besucher durch seine typische Atmosphäre gefangen, in der Pierre Loti am Dorfplatz beim Betrachten der Wehrkirche und der Pelota-Wand seinen Roman Ramuntcho schrieb. Die Landschaft wird allerseits vom 900 m hohen Rhune überragt, der auch «der Berg» oder die «gute Heide» genannt wird. Er erhebt sich in der Provinz Labourd und ist mehr als nur ein Aussichtspunkt, er ist der Berg, der das Baskenland symbolisiert. Vom Col Saint-Ignace aus führt eine Zahnradbahn auf den Gipfel hinauf, wo *pottoks*, kleinwüchsige baskische Pferde, die für ihre Widerstandsfähigkeit bekannt sind, frei leben. Von hier aus bietet sich ein

Links:
Die den Ozean überragende Villa Beltza und der Felsen der Jungfrau in Biarritz erinnern daran, daß die Stadt und ihr «Strand der Könige» einmal Treffpunkt des europäischen Adels waren (Foto Bertrand Cabrol).

Unten:
Saint-Jean-de-Luz, das durch die Heirat Ludwigs XIV. mit der Infantin Maria Theresia historische Bedeutung gewann, konnte sein typisch baskisches Gepräge bewahren (Foto Bertrand Cabrol).

Rechts:
Wie viele Brücken der Pyrenäen hat auch die Brücke von Bidarray einen legendären Ursprung. Der Überlieferung zufolge soll sie in einer Nacht von den laminaks (Kobolde) erbaut worden sein (Foto Bertrand Cabrol).

Wie die großen Weine hat auch das Piment (Nelkenpfeffer) seine Gilden, die sich alljährlich in Espelette versammeln (Foto Bertrand Cabrol).

herrliches Panorama auf das Baskenland, den Ozean, den Adour, den Wald der Landes und die Gipfel der Pyrenäen.

Der Rückweg über Sare hält nach der letzten Kurve einen weiteren Aussichtspunkt bereit, von wo aus man einen schönen Blick auf die «Schmugglerhauptstadt» hat. Legende oder Wirklichkeit? Wie dem auch immer sei, dem Ort, der sich in einer von Sandsteinmauern durchzogenen Landschaft erhebt, fehlt es nicht an Charakter. Ainhoa steht dem in nichts nach, denn für viele ist es das baskische Dorf schlechthin mit seinen Häusern, deren strahlendes Weiß mit dem grünroten Fachwerk kontrastiert.

DAS TAL DER NIVE

Über das elegante, durch sein rotes Piment (Nelkenpfeffer) berühmt gewordene Dorf Espelette kommt man bei dem kleinen Thermalbad Cambo in das Tal der Nive. Hier ist die Erinnerung an Edmond Rostand noch lebendig. Seine von schönen Gärten und Teichen umgebene Villa Arnaga konnte ihren unauffälligen Reiz bewahren und paßt sich harmonisch an das «malvenfarbige Gebirge und die blaue Nive», die der Dichter so liebte, an.

Etwas weiter liegt Itxassou in mehreren kleinen Tälern verstreut. Seine Kirche aus dem 17. Jahrhundert ist eine der typischsten des Baskenlandes. Einmalig ist jedoch vor allem seine Lage am Ausgang der Nive-Schlucht. Diese erstreckt sich am Fuß des 926 m hohen Artzamendi, von dem aus man einen schönen Blick auf die Gegend hat. Ihren Beinamen Atheca Gaïz, «gefährliche Passage», trägt die beeindruckende Schlucht zu Recht. Der Legende nach soll sie vom Pferd des Neffens Karls des Großen mit den Hufen in den Fels geschlagen worden sein, als dieser vor den Basken flüchtete. Daher der berühmte Name «Rolandspaß».

Obwohl die Teufelsbrücke hier über den Fluß führt, strahlt die Umgebung von Bidarray, wo mehrere Täler einander begegnen, eine friedliche Stimmung aus. Der Ferienort im Grünen, der Fischzucht betreibt und zahlreiche Ausflugsziele bietet, ist eine der letzten Gemeinden, in der noch eine Fronleichnamsprozession in der Landestracht stattfindet. In Ossès schließlich sind schöne Beispiele der Baukunst der Gegend Navarra zu sehen. Unter ihnen das *Maison de l'Evêque* (Haus der Bischofs).

BAIGORRY

Ein Engpaß im Nive-Tal führt nach Baïgorry (Nive des Aldudes), eine der typischsten Gegenden des ganzen Baskenlandes. Der Wildbach, der sich manchmal nach starkem Regen eigenartigerweise rot färbt, gab dem Tal seinen Namen (ibaïagorri = rotes Wasser). Das Dorf Saint-Etienne besteht nur aus einer Straße, die von sehr schönen, mit roten Steinen geschmückten Häusern gesäumt ist. Sehenswert sind auch die Kirche (11. - 17. Jahrhundert), die Burg und die einbogige Brücke aus dem 17. Jahrhundert. Nach dem Ort wird das Tal noch schmäler und führt über waldreiche Schluchten nach Spanien und Pamplona. Die Landschaft Quinto Real über dem reizenden Dorf Les Aldudes weist einen besonderen Status auf, wie dies in den Pyrenäen öfter vorkommt. Obwohl das Gebiet spanisch ist, wurde es den Bewohnern des Tales auf französischer Seite zugesprochen, die als im Ausland lebende Franzosen gelten.

SAINT-JEAN-PIED-DE-PORT

Die Straße nach Saint-Jean-Pied-de-Port führt an dem malerischen Weinberg von Irouléguy vorbei.

Als größte Stadt Niedernavarras war Saint-Jean-Pied-de-Port durch seine Lage am Fuß des Roncevalles-Passes (Pied-de-Port bedeutet am Fuß des Passes) lange Zeit ein bedeutendes Etappenziel an der Pilgerstraße nach Santiago. Dieser Tatsache verdankt die Stadt ihren Reichtum an Baudenkmälern (schöne, die Nive säumende Häuser, Festungsmauer, Zitadelle, Kirche, alte Gassen und eine Brücke aus der Römerzeit). Aber auch ihre schöne, von einem Hügel abfallende Lage am Nive-Ufer und die Animation der Stadt, deren Markt berühmt ist, tragen zu ihrem besonderen Reiz bei.

Das im Herzen der Landschaft Cize in einem grünen, von Flüssen durchzogenen Talkessel liegende Saint-Jean ist auch ein idealer Ausgangspunkt für Ausflüge. Im Nordosten führt die Straße nach Mauléon über den Osquich-Paß (392 m), den einst die Santiago-Pilger überquerten. Heute ist er ein beliebtes Ringeltauben-Jagdgebiet, in dem die Jäger den Zugvögeln auflauern.

IRATY

Weiter südlich liegt der Wald von Iraty, eines der schönsten Ausflugsziele der Gegend.

Der sich beiderseits der Grenze erstreckende Wald ist einer der größten Buchenwälder Europas. Doch beheimatet er auch andere Baumarten wie Birken, Eiben und Tannen, doch sind sie heute lange nicht mehr so zahlreich, da ihr Holz bis ins 19. Jahrhundert von der Marine zum Bau von Schiffen genutzt wurde. Trotzdem ist der Wald immer noch groß und dicht genug, um nicht alle seine Geheimnisse preiszugeben.

Die Straße führt durch hohes Heidegras an umgefallenen Dolmen vorbei hinauf zum Wald und in Serpentinen weiter zum Fremdenverkehrszentrum Chalets d'Iraty, das von Weideland und *cayolars* (Hirtenrefugien) umgeben inmitten einer unberührten Landschaft liegt.

Unter den zahlreichen Ausflügen, die sich von Iraty aus anbieten, seien die Chromlechs von Okabé genannt.

Brücke aus rotem Sandstein in Baïgorry (Foto Bertrand Cabrol).

Folgende Seiten:
In Iraty verwandeln sich die heiteren Weideflächen des Baskenlandes in eine rauhe, beunruhigende Gebirgslandschaft (Foto Bertrand Cabrol).

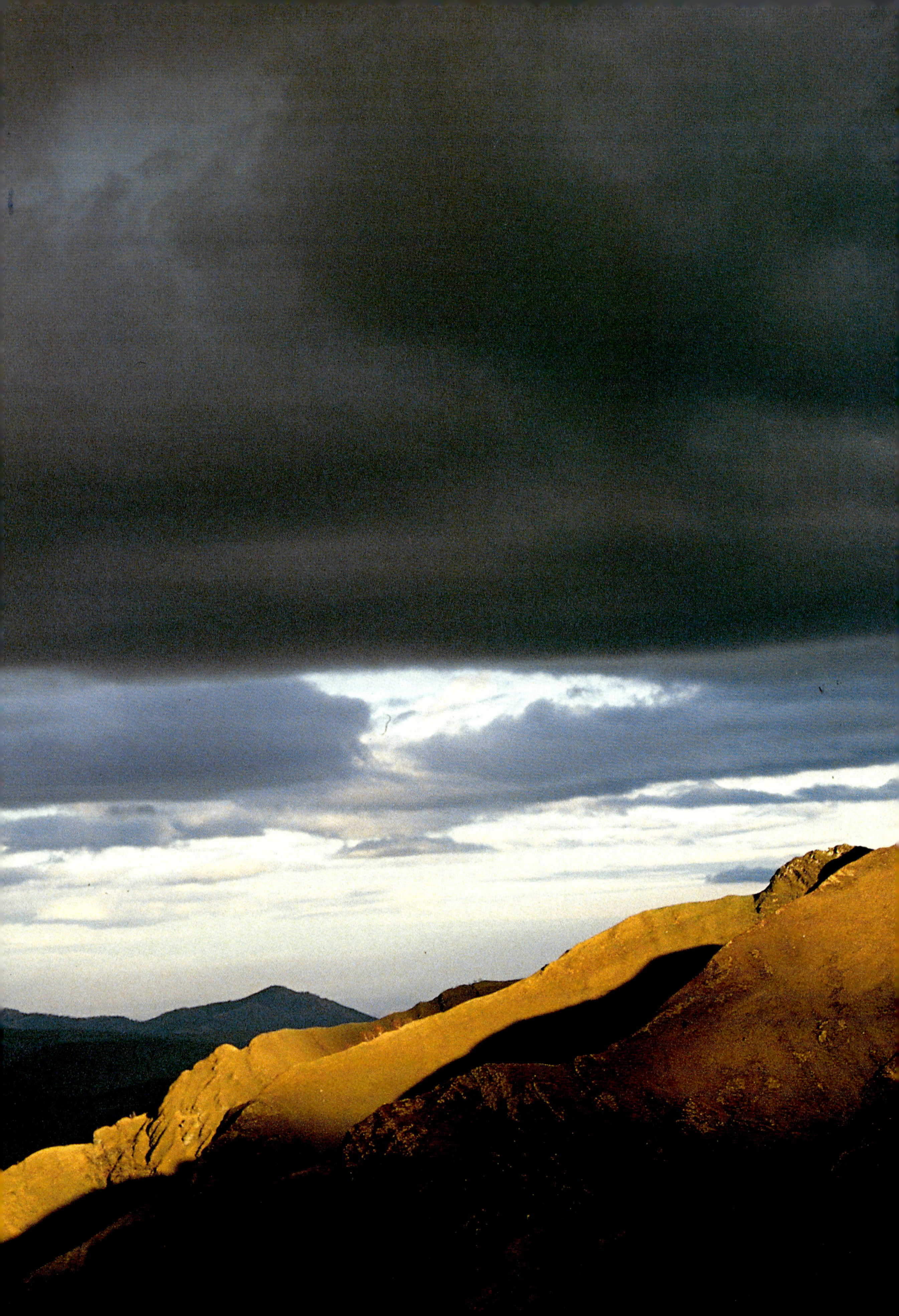

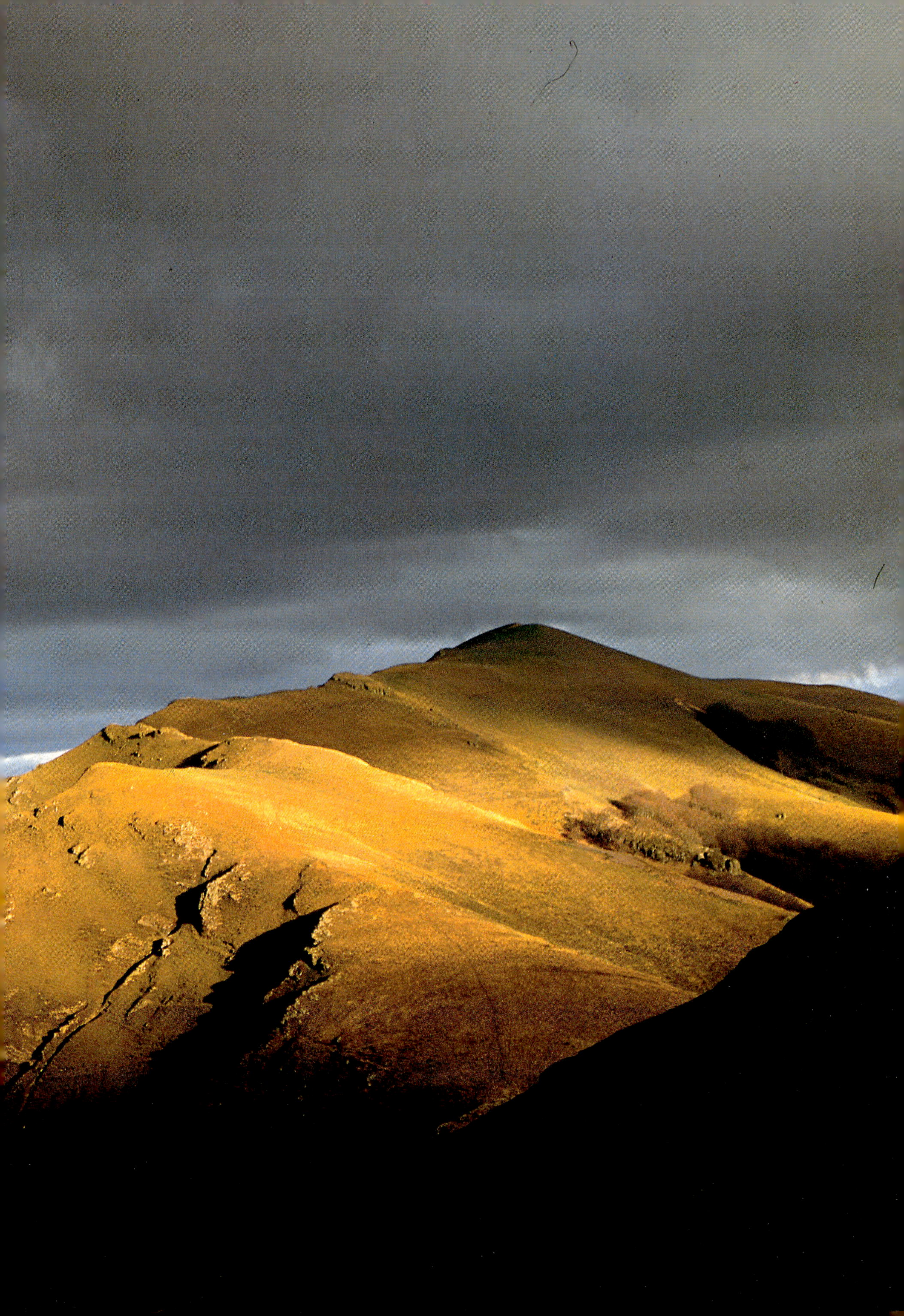

Die von schönen Häusern im Navarra-Stil gesäumte Rue de la Citadelle in Saint-Jean-Pied-de-Port konnte ihren Charme bewahren (Foto Bertrand Cabrol).

AUF DEN PILGERSTRASSEN IN NAVARRA

Von Saint-Jean-Pied-de-Port aus führt die ehemalige Pilgerstraße über Valcarlos nach Navarra. Die Abtei Roncevalles am Südhang des Gebirges, Relais am Weg nach Santiago de Compostela, ist eine der bedeutendsten Stätten des christlichen Abendlandes. Der Ort war Schauplatz der sagenumwobenen Schlacht, bei der Roland gefallen ist. Dies erklärt die Größe des Klosters und den Reichtum der in der Stiftskirche aus dem 13. Jahrhundert untergebrachten Sammlungen.

Über Burguete, ein typisch baskisches Dorf und Aoiz, dessen Kirche und Brücke sehenswert sind, kommen wir nach Pamplona, der Hauptstadt der Provinz Navarra.

Nach Frankreich zurück fährt man entweder in Richtung Aïnhoa durch das Baztan-Tal, dessen Dörfer (Maya, Erraz Arizcun und Elizondo) in architektonischer Hinsicht von Interesse sind, oder in Richtung Hendaye über die «Cinco Villas» (Aranaz, Yanci, Echalar, Lesaca und Vera de Bidasoa), deren Häuser mit Wappen geschmückte Fassaden aufweisen.

MAULEON UND DIE PROVINZ SOULE

Die Provinz Soule zwischen Baskenland und Béarn im Saison-Tal ist ein ungewöhnliches und beeindruckendes Fleckchen Erde. Terrassenför-

*Links:
Wie alle frühgeschichtlichen Grabstätten sind auch die Cromlechs von Okabé Gegenstand zahlreicher Legenden: einmal sind es Gräber maurischer oder englischer Soldaten ein anderes Mal Refugien für Kobolde und Hexen (Foto Bertrand Cabrol).*

*Wasserfall in der Schlucht von Kakuéta.
(Foto Bertrand Cabrol).*

*Die mitten in einem Talzirkus stehende romanische Kirche von Sainte-Engrâce (12 Jh.) beherbergt schöne polychrome, mit naiven Skulpturen geschmückte Kapitelle.
(Foto Bertrand Cabrol).*

mig abfallende Dörfer und Ackerland prägen das Landschaftsbild. Am Fuß eines dieser das Tal überragenden Felsvorsprünge liegt die kleine Provinzhauptstadt Mauléon, in der mehrere Bauwerke bemerkenswert sind: das *Hôtel de Maytie* aus der Renaissance, die Burgfestung, deren gewaltige Türme über die Stadt wachen und von der aus man einen herrlichen Rundblick hat. Von Mauléon aus bieten sich zahlreiche Ausflüge an wie zum Beispiel ins Arbailles-Massiv, in das man über Aussurucq gelangt. Der den Osquich-Paß überragende Gebirgsstock ist für seine Karsthöhlen, seine Buchenwälder und seine wandernden Schafsherden berühmt, unter denen man auch die schwarzköpfigen «manechs» findet.

Auf der anderen Seite des Tals steht auf der Grenze zum Béarn das *Hôpital Saint-Blaise*, das auf seine schöne römisch-byzantinische Kirche, Überrest eines ehemaligen Hospitaliterordens an der Pilgerstraße, stolz sein kann.

Bei der Weiterfahrt am Saison entlang kommt man zur eindrucksvollen Kirche von Gotein, eine der typischsten der Provinz. Ihre drei Turmspitzen appellieren an die Phantasie: Sind sie ein Symbol der Dreieinigkeit oder der drei Kreuze Golgothas?

Als erste Etappe bei der Entdeckung des nördlichen Teils der Provinz Soule vermittelt Gotein dem Besucher einen Einblick in eine mysteriöse Welt. Nach Tardets wird das Tal enger. Etwas weiter gabelt es sich und wird beim Dorf Larrau breiter. Hier steht die Kirche Sainte-Engrâce. Nur selten paßt sich ein Bauwerk so harmonisch der Umgebung an wie diese schöne Stiftskirche aus dem 12. Jahrhundert. Etwas weiter liegt die Schlucht von Ehüjarre, die über dem Gotteshaus den Berg zerklüftet und ein herrliches Landschaftsbild bietet. Noch eindrucksvoller sind die Kakuéta-Schlucht, deren Wände stellenweise oft nur fünf Meter voneinander getrennt sind und zu einem tosenden Wasserfall führen, und die Holzarté-Schlucht, über die eine seltsame Brücke führt. Diese Schluchten liegen wie Larrau im Dextre-Tal, von wo aus erfahrene Wanderer den Pic d'Orhy besteigen können, dessen Kammlinie die Grenze zu Spanien bildet.

34

Landschaftsbild in Iraty (Foto Bertrand Cabrol).

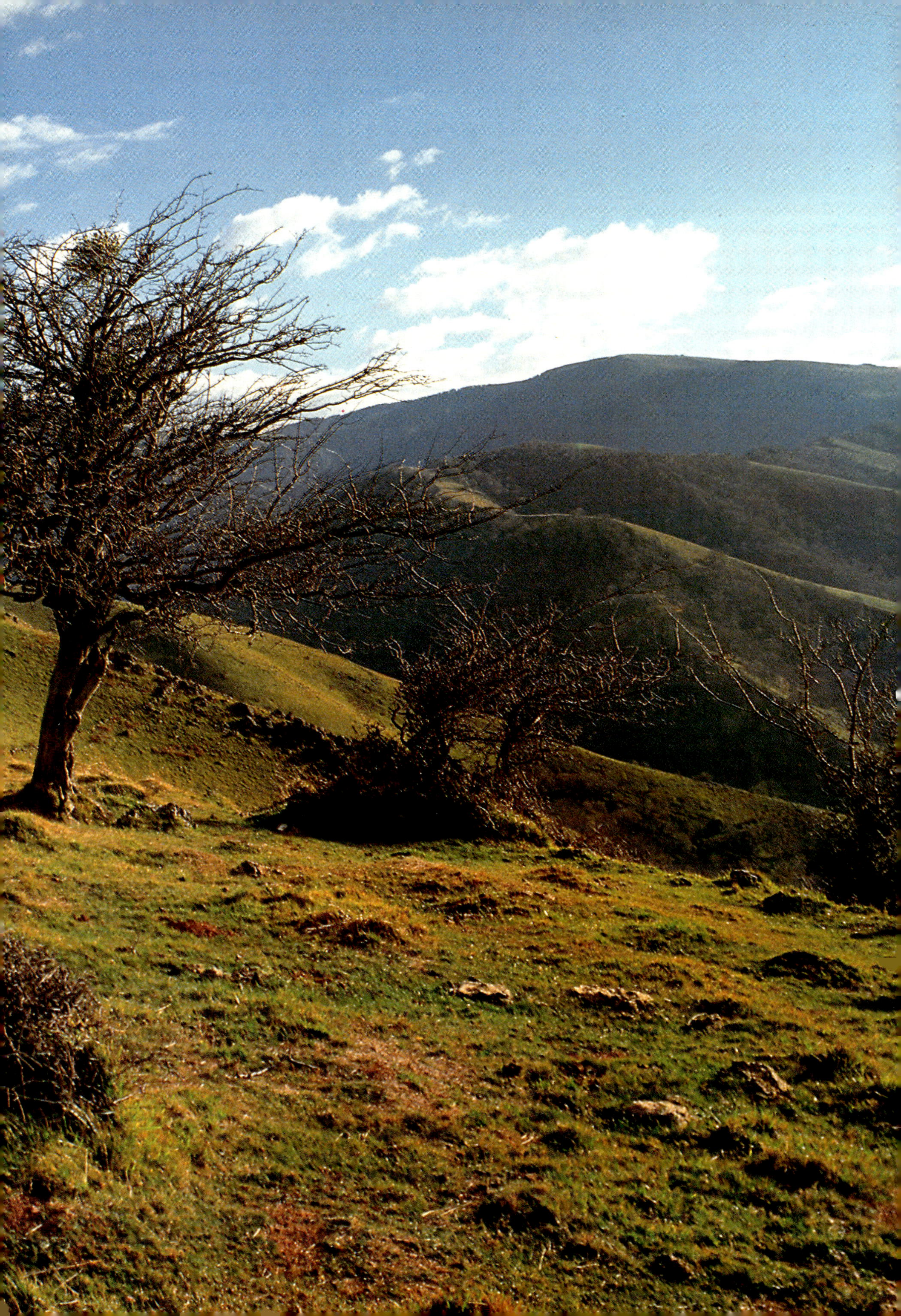

Das Pyrenäenvorland.

Bevor die Paßstraße geöffnet wurde, waren die Täler der Pyrenäen nur über das Vorland miteinander verbunden. Die RN 117 und die D 117, die Nachfolgerinnen dieser ursprünglichen Verbindungswege, verlaufen auch heute noch an der Gebirgskette entlang. Doch sollte man sie manchmal links liegen lassen und Nebenstraßen fahren, um das Schauspiel von überwältigender Schönheit zu genießen, die das gegenüberliegende Gebirge bietet. Von seinem Belvedere aus hat der Besucher den Eindruck, daß er die hohen, oft nadelförmig zugespitzten, von weitem wie Miniaturen erscheinenden Gipfel beherrscht, und gleichzeitig das Gefühl, vor einer unüberwindbaren Mauer zu stehen.

VON BAYONNE NACH BEARN

Um von Bayonne nach Saint-Palais zu gelangen, bieten sich zwei Möglichkeiten an: über Hasparren und Isturits oder über Bidache. Die erste Route führt durch die Lande de Hasparren, eine wilde Landschaft, deren einsamer Horizont aus Farn, Ginster und Thyas nur ab und zu von Eichenwäldern unterbrochen wird. Hier sind auch die Höhlen von Isturits und Oxocelhaya. Erstere wurde durch ihre prähistorischen Funde berühmt. Bidache hingegen verdankt seinen Ruf weder der Natur noch prähistorischen Zeugnissen sondern der Geschichte. Die Kantonshauptstadt war während des Ancien Regime ein unabhängigiges Fürstentum auf der Grenze zwischen dem Königreich Frankreich und Navarra. An die glänzende Vergangenheit der Stadt erinnert die immer noch imposante Ruine des Schlosses der Familie Gramont (Mittelalter und 16. Jh.), die die Kontrolle über die Schiffahrt auf der Bidouze hatte.

SAINT-PALAIS

Fährt man das üppige und breite Bidouze-Tal hinauf, kommt man nach Saint-Palais, der ehemaligen Hauptstadt von Niedernavarra und Zentrum der «Force Basque» (Sportwettkämpfe). Hier findet alljährlich das Festival des baskischen Sports statt. Die Wettkämpfe, die sich an die Schwerarbeit der Bauern und Holzfäller anlehnen, sind oft sehr eindrucksvoll wie zum Beispiel der Wettlauf mit einem 100-Kilo-Sack auf den Schultern, das Strohheben, der Speerwurf oder das Seilziehen, bei dem der Kraftaufwand der gleiche ist wie beim Hochziehen eines Panzers an einem Abhang.

SAUVETERRE-DE-BEARN

Von Saint-Palais führt die Straße durch eine sanft abfallende, grüne Hügellandschaft, die das Baskenland vom Béarn trennt, nach Sauveterre. Die an einem breiten, friedlichen Bach mit waldbewachsenen Ufern liegende Stadt ist ein idyllischer Ort. Dabei hatte sie eine bewegte Vergangenheit, an die der Montréal-Turm und die Reste der Festungsanlage erinnern. Der ganze Ort strahlt eine besondere Atmosphäre aus, die im *Pont Vieux* (alte Brücke) zum Ausdruck kommt. Nur noch ein Turm und ein Bogen sind von der einstigen Brücke übrig, die 1165 Schauplatz eines Gottesurteils war. Die Ehegattin Gastons VI. von Béarn, die nach dessen Tod ein mißgestaltetes Kind geboren hatte, wurde in den Bach geworfen, der sie rettete und ans Ufer zurückbrachte.

37

Der Gave d'Oloron, die Inseln, die Wälder und die alte Wehrbrücke machen den Reiz von Sauveterre-de-Béarn aus (Foto Patrick Bernière).

SALIES DE BEARN

Die D 933 führt durch die Hügellandschaft des Entre-deux-Gaves (wörtlich zwischen zwei Bächen), die sich von Oloron bis Pau erstreckt, nach Salies de Béarn. Der Baustil der Gegend kündet den Übergang von der baskischen Blockbauweise zu den aus mehreren Gebäuden bestehenden Anwesen des Béarn an. Seit der Bronzezeit ist Salies die Stadt des Salzes. Der Legende zufolge rührt diese Aktivität von einem mit Salz bedeckten Wildschwein her, das von Jägern in einer Quelle gefunden wurde. Das Salzmuseum führt den Besucher in die Vergangenheit der Stadt und der Salzindustrie. Salies ist aber auch ein Kurort, der die typische Architektur der Thermalbäder des 19. Jahrhunderts bewahrt hat. Sie verleiht der Stadt ein besonderes Gepräge, dessen Reiz durch die Renaissance-Häuser und die Saleys-Ufer noch verstärkt wird.

Burg Bellocq (13. Jh.). (Foto Patrick Bernière).

ORTHEZ

Ein kleiner Umweg über Belloq und seine romanische Kirche führt nach Orthez. Die Stadt erstreckt sich in herrlicher Lage über einem Wildbach, über den eine befestigte Brücke führt, an den Hängen bis hinauf zum Schloß Moncade und dessen Bergfried (13. Jh.), wo Gaston Fébus, von Zorn ergriffen, seinen Sohn erstach, der ihn auf Anweisung seines Onkels, Karl der Böse von Navarra, vergiften wollte. Trotz dieses schrecklichen Dramas und der unweit ansässigen Industrie von Lacq konnte Orthez den friedlichen Charakter einer handeltreibenden Kleinstadt auf dem Lande bewahren.

Von Orthez aus führt die Straße nach Pau am Komplex von Lacq, der nachts besonders eindrucksvoll ist, und an Lescar vorbei, dessen Kathedrale darauf hinweist, daß die Stadt einmal Bischofssitz war. Doch ist die Strecke über Monein und die D 34 schöner, denn sie führt durch die freundliche Landschaft des Entre-deux-Gaves und die Hänge von Jurançon, die für ihren ausgezeichneten Likörwein berühmt sind. In Gan, wo man wieder auf die RN 134 stößt, sollte man unbedingt einen Halt bei der Weingenossenschaft einlegen.

ZWISCHEN BEARN UND BIGORRE, BETHARRAM

In Pau (siehe Béarn) bieten sich zwei Möglichkeiten an, nach Tarbes zu kommen: die RN 117 oder ein Umweg über Bétharram und Lourdes. Die Schnelligkeit ist nicht der einzige Vorzug der Nationalstraße. Sie hält zwei Überraschungen bereit: einen schönen Rundblick auf die Berge vom Aussichtspunkt Côte de Ger aus und das Runddorf Ibos, das sich um seine gotische Stiftskirche gruppiert. Doch hat die zweite Route den meisten Erfolg. Vielleicht weil sie Bergland durchquert, doch mehr noch, weil sie durch Bétharram führt, dessen Sanktuarien am Hang das Gleichgewicht haltend aus dem Wald aufzutauchen scheinen. Die in fünf Etagen abfallenden, mit Stalagmiten und Stalaktiten geschmückten Höhlen etwas weiter sind einer der Hauptanziehungspunkte der Pyrenäen.

In Tarbes (siehe Bigorre) die Straße nach Bagnères de Bigorre einschlagen und über Les Baronnies in Richtung Lannemezan weiterfahren.

Die Ufer des Saleys in Salies (Foto Patrick Bernière).

LES BARONNIES

Obwohl sie durch ihre Lage am Fuß der Gebirgskette und ihr von verstreut liegenden Hügeln geprägtes Landschaftsbild zum Pyrenäenvorland gehört, verleiht die Gegend Les Baronnies ähnlich wie die abgeschiedenen Gebirgstäler den Eindruck, am Ende der Welt zu liegen. Abseits der großen Verkehrswege ist es ein in sich geschlossenes Land, in dem Dörfer und Weiler ihre Ursprünglichkeit bewahrt haben. Dies bedeutet jedoch nicht, daß es keine touristischen Sehenswürdigkeiten besitzt. Die Abtei Escaladieu (12. Jahrhundert, im 17. und 18. wiederaufgebaut), ungefähr zehn Kilometer von Bagnères entfernt, ist der Beweis dafür. Das mitten im Wald in ein grünes Tal eingebettete Bauwerk von einfacher und schmuckloser Eleganz ist ein schönes Beispiel der Zisterzienser-Baukunst. Heute finden in der Abtei Musikveranstaltungen statt.

2,5 Kilometer weiter bietet sich von dem an einem waldlosen Hang stehenden Donjon der Burg Mauvezin aus (14. Jh.) ein herrliches Panorama auf die Hügel und Täler der Umgebung und auf die Berge.

Nach Capvern und 3 Kilometer nördlich von Capvern-les-Bains kommt man zum steinigen Plateau von Lannemezan, das noch einen Teil der Heide- und Farnlandschaft bewahren konnte. Viele ziehen jedoch die malerische Straße von La Barthe und Saint-Laurent vor, die nach Montréjeau führt, einer ehemaligen, auf einer Terrasse erbauten Bastide, von wo aus man einen sehr schönen Rundblick auf die Pyrenäen hat.

Im Südwesten der Stadt, nach dem Zusammenfluß von Garonne und Neste, geben die Höhlen von Gargas den Forschern und Esoterikern zahl-

Das für seine Höhlen und sein Sanktuarium berühmte Bétharram genießt auch eine sehr reizvolle Lage (Foto Patrick Bernière).

Das mitten im Grünen eingebettete Sanktuarium von Bétharram war ab dem 14. Jh. ein vielbesuchter Marienwallfahrtsort. Bernadette Soubirous kam vor den Marienerscheinungen mehrmals hierher (Foto Patrick Bernière).

reiche Rätsel auf. Sie stellen tausend Hypothesen auf, um die Handabdrücke an den Wänden zu erklären.

SAINT-BERTRAND-DE-COMMINGES

Auch Saint-Bertrand-de-Comminges hat seine Geheimnisse, doch sind sie weniger furchterregend. Von einer den Bergen vorgelagerten Anhöhe aus beherrscht das befestigte Dorf die Landschaft. Schon von weitem leuchten dem Besucher die roten Dächer entgegen, aus denen die Kirche herausragt. Letztere überrascht durch ihre Göße und ihren Wehrcharakter. Sie ist von einem bergfriedartigen Turm überragt, den eine Hurdengalerie krönt. Von hier aus bietet sich dem Besucher ein Blick auf die mittelalterlichen Gassen und noblen Häuser aus dem 17. und 18. Jahrhundert. Diese stammen aus der Zeit als der Ort Bischofssitz war, denn die Kirche, deren schönes Portal im romanischen Turm sich zum Dorfplatz hin öffnet, war einst eine prächtige Kathedrale. Im Innern zeugt noch vieles von ihrer großen Vergangenheit. Der geschlossene Chorraum erscheint wie eine Kapelle aus Holz. Die Präzision des schön skulptierten Renaissance-Chorgestühls zeugt vom Talent der Künstler dieser Zeit wie die große Orgel, die auch aus dem 16. Jahrhundert stammt. Außen verdient der romanische Kreuzgang Beachtung. Er weist die Besonderheit auf, sich zu den Bergen hin zu öffnen, während seine Südgalerie zum Abgrund hin zeigt.

Die von Roggen-, Mais- und Rapsfeldern umgebene Altstadt am Fuß der Anhöhe ist heute eine bedeutende archäologische Fundstätte. Sie erscheint wie ein böses Gespenst als wollte die Geschichte mit der Teilung

Rechts oben:
Die Burg Mauvezin (12.-14.Jh.), in der heute ein Museum untergebracht ist, bietet ein sehr schönes Panorama und beherbergt ein Wappenschild aus Marmor (15. Jh.), dessen Inschrift «Jay belle dame» auf verschiedene Weise interpretiert wurde (Foto Patrick Bernière).

Rechts unten:
Die bis heute unerklärten Handabdrücke haben die Höhle von Gargas berühmt gemacht (nördlich von Saint-Bertrand-de-Comminges). Doch hält die Höhle dem Besucher auch Felsmalereien und Ritzzeichnungen von größtem archäologischem Interesse bereit (Foto Jacques Jolfre).

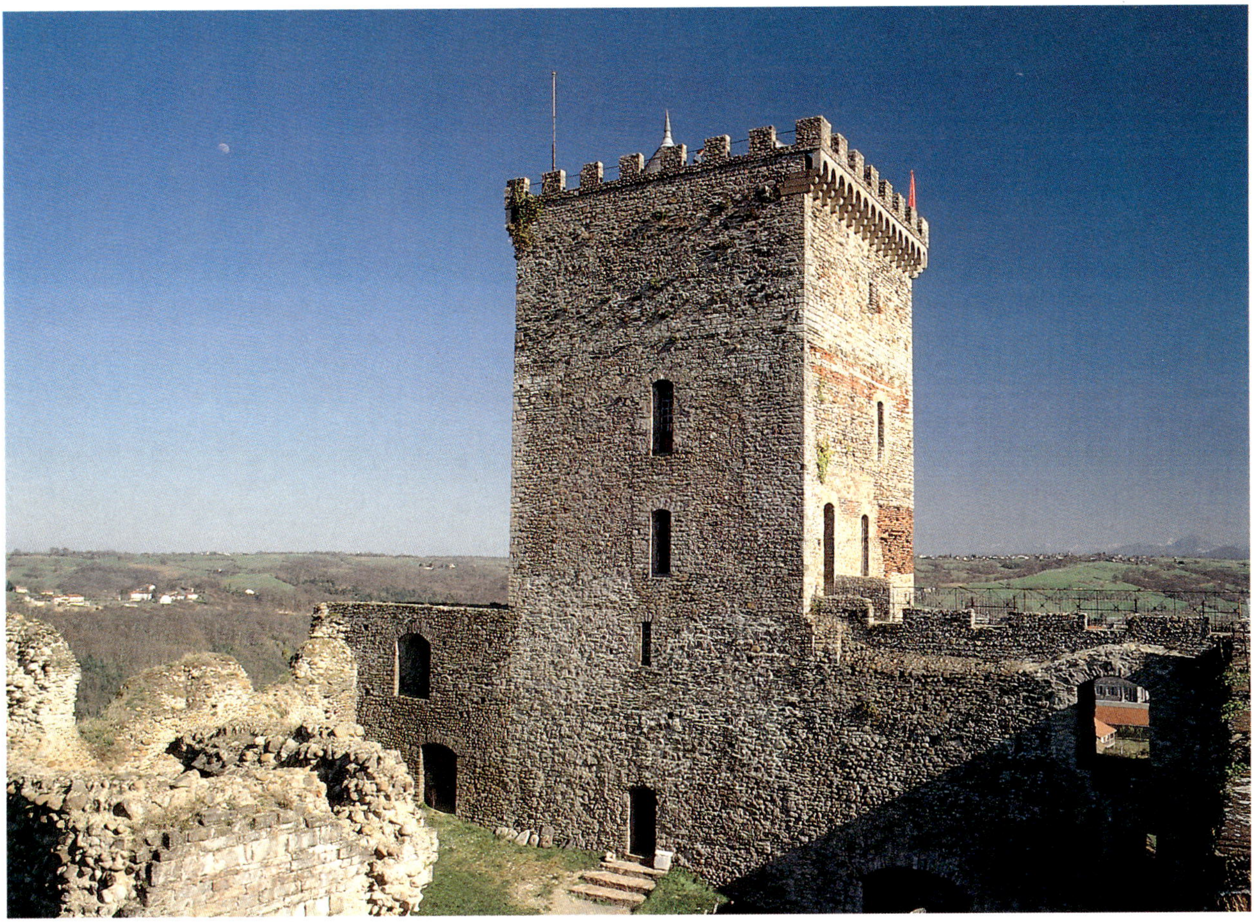

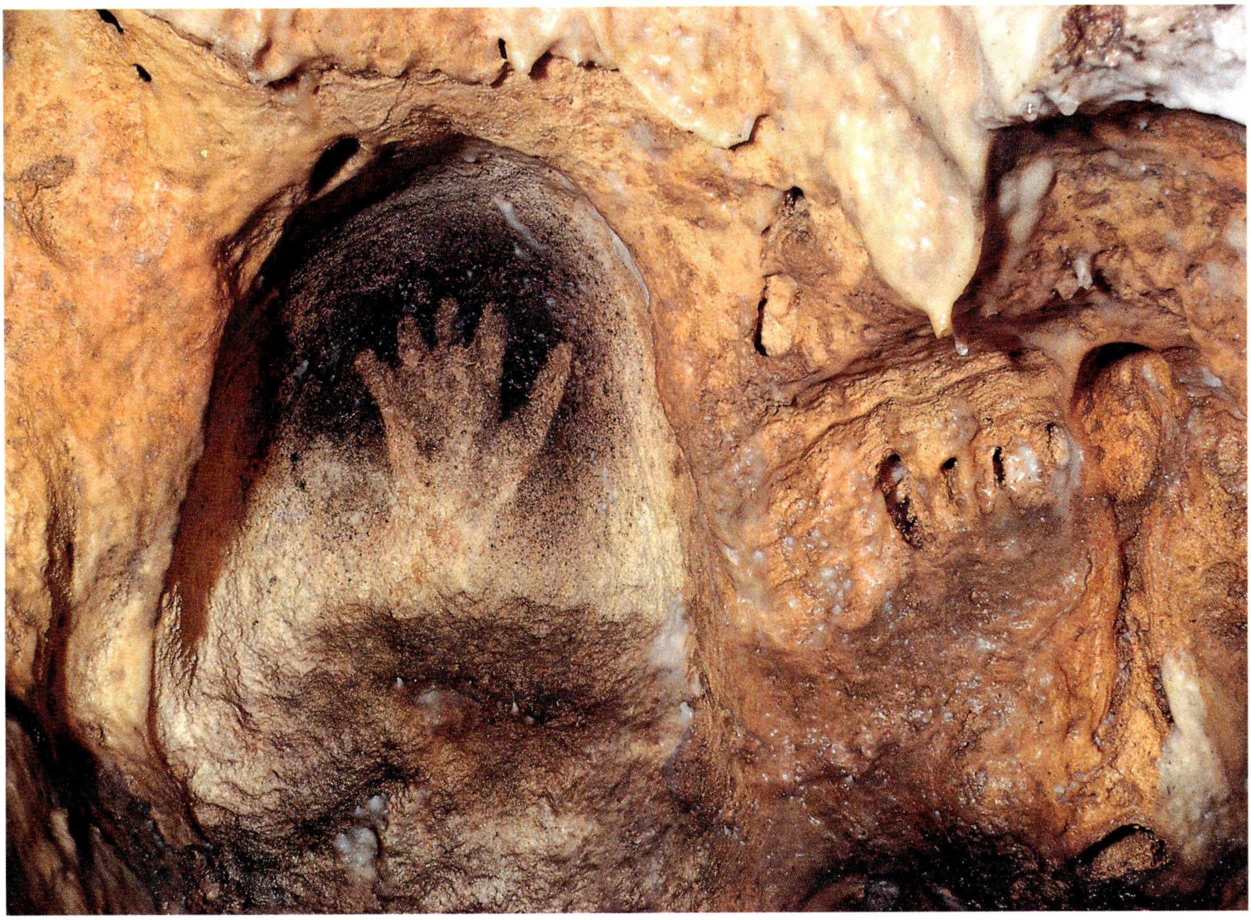

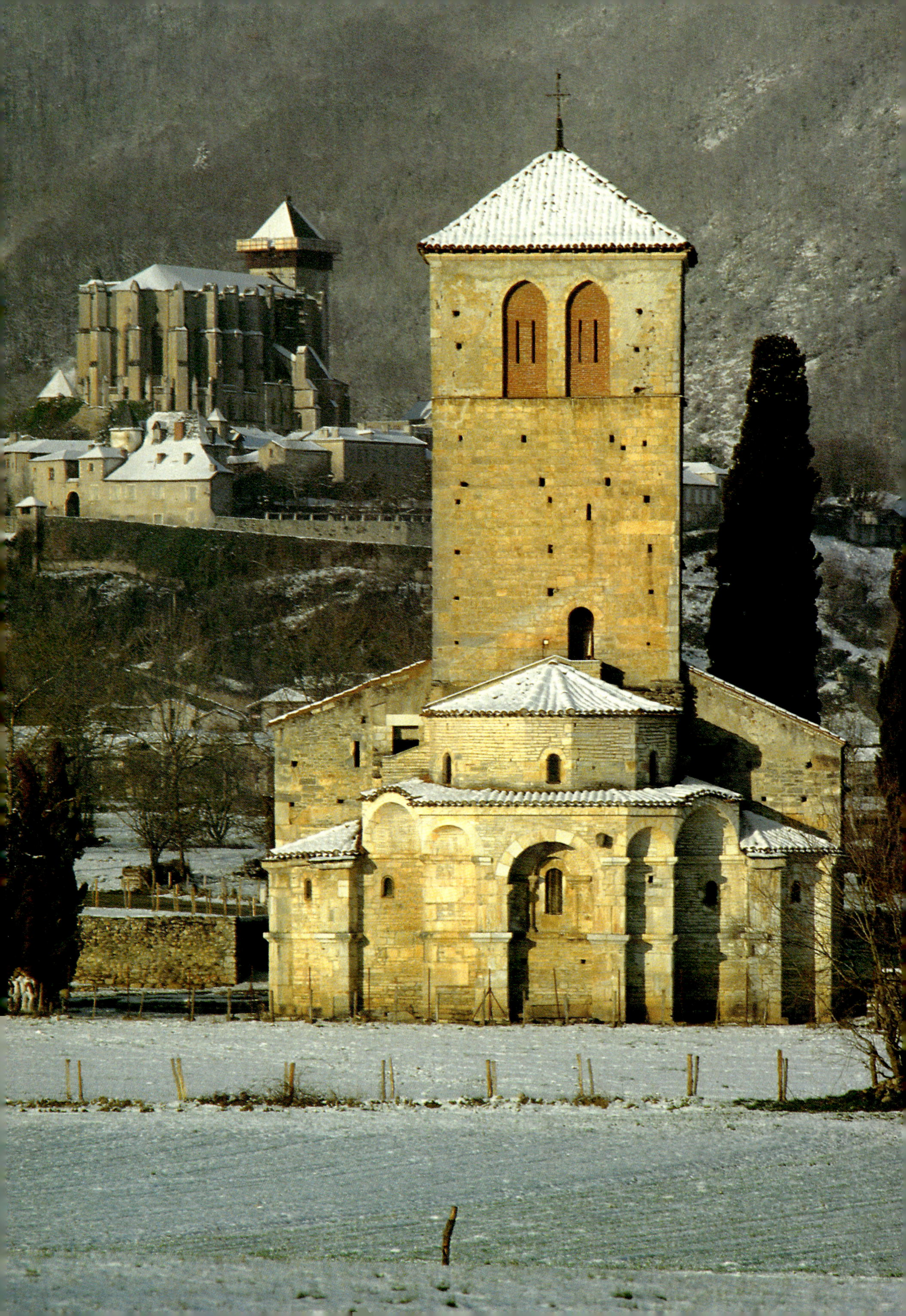

Die pyrenäischen Höhlen (hier in Esparros) sind reich an Tropfsteinen (Foto Jacques Jolfre).

des Bistums 1793 den heiligen Bertrand dafür bestrafen, die Bischofswürde Valcabrère geraubt zu haben, dessen mitten in Feldern stehende romanische Kirche die erste Kathedrale von Comminges war.

Über das Thermalbad Barbazan, das seine Berühmtheit Pierre Benoît verdankt, führt die Fahrt nach Saint-Gaudens, einer kleinen Industriestadt, deren Sehenswürdigkeiten eine Stiftskirche und der Blick auf die Pyrenäen vom Boulevard aus sind.

In Saint-Martroy verläßt die gefährliche N 117 die Pyrenäen in Richtung Toulouse, der größten Stadt am Fuß der Berge. Sie wird von der D 117 abgelöst, die durch das Pyrenäenvorland bis nach Saint-Girons (siehe Couserans) führt. Man erreicht die Stadt auch von Saint-Bertrand aus über Saint-Béat und den Paß von Portet d'Aspet (Panorama).

Nach Saint-Girons die D 117 in Richtung Foix weiterfahren und dabei mehrere kleine Abstecher zur Besichtigung des Plantaurel-Massivs machen.

DAS PLANTAUREL-MASSIV UND LE MAS D'AZIL

Auf der Karte erscheint das Kalksteingebirge des Plantaurel, auch Kleine Pyrenäen genannt, wie ein bescheidenes Mittelgebirge. Die langen, parallel verlaufenden Falten, deren spitze Kämme gen Himmel ragen, und die großen Höhenunterschiede machen jedoch eindeutig eine Gebirgslandschaft aus ihm. Die Flüsse mußten sich ihren Weg durch diese Barriere am Fuß der Pyrenäen erzwingen, um in die Ebene zu gelangen. Aus diesem Kampf sind Schluchten und Höhlen mit den kühnsten Formen hervorgegangen.

Die berühmteste Höhle ist die Grotte du Mas d'Azil. Durch ihren tunnelartigen Hauptgang führen der Fluß Arize und eine Straße. Die Höhle gehört zu den bedeutendsten Sehenswürdigkeiten der Pyrenäen. Die Tatsache, daß man sie mit dem Auto besichtigen kann, sollte den Besucher jedoch nicht davon abhalten, die Nebengänge und das Dorf zu durchstreifen, wo ein Museum Zeugnisse aus der Vorgeschichte und aus der Zeit der im Ort einst ansässigen Glasindustrie beherbergt.

Kurz danach verlassen wir die D 117, um die Höhle von Labouiche zu besichtigen. Der Umweg ist nicht groß, doch lohnt er sich. Die 2,5 Kilometer lange Schiffsfahrt auf dem "unterirdischen Fluß" kommt einem Zauber gleich.

*Links:
In ihrer winterlichen Einsamkeit scheinen die Kirche Saint-Just und die Kathedrale St-Bertrand-de-Comminges der Zeit zu trotzen.
(Foto Jacques Jolfre).*

Mit der «Chrysantheme von Esparros» erreicht die Tropfsteinkunst ihren Höhepunkt (Foto Jacques Jolfre).

Die 1933 von Norbert Casteret entdeckte Grotte de Montespan (keine Besichtigung) beherbergt bemerkenswerte Tierfiguren aus Ton wie die des Bärs auf dem Bild. Sie zeugt von der Sonderstellung, die der Bär schon seit uralter Zeit in der pyrenäischen Tradition einnimmt (Foto Jacques Jolfre).

Links:
Der Wald von Arbas (Foto Jacques Jolfre).

Linkes Bild:
Von der majestätischen Ruine der Katharerburg Montségur in einmaliger Lage geht ein mystischer Zauber aus (Foto Jacques Jolfre).

MONTSEGUR, DER BERG DER ERLEUCHTUNG

Nach Foix setzt sich die Bergkette des Plantaurel nach Osten hin fort, wo Lavelanet, die Hauptstadt des Pays d'Omes, liegt, die wir entweder direkt oder über einen größeren Umweg durch das Pyrenäenvorland erreichen, auf dem mehrere Orte einen Halt verdienen. Pamiers; die halb in den Fels gebaute Kirche von Vals (zum Teil karolingisch, bemerkenswerte Fresken aus dem 12. Jh.); die Bastide von Mirepoix, die einen sehr schönen Marktplatz und eine ehemalige Kathedrale besitzt; die eindrucksvolle Ruine des Schlosses Lagarde.

Lavelanet, die Stadt der Tuchweber, blickt auf eine lange Tradition der Textilindustrie zurück, die im *Maison du textile* noch weiterlebt. Sie war aber auch eine Katharerstadt im Schatten der vom Dorfplatz aus sichtbaren Zitadelle von Montségur. Doch gilt es zuvor eine weitere Zitadelle in schwindelerregender Höhe zu besichtigen: Roquefixade. Die von einem Felssporn aus herabblickende Ruine bietet ein sehr schönes Panorama auf die Bergmassive Saint-Barthélémy und Les Trois Seigneurs, sowie auf Montségur. Auf dem Weg dorthin können wir einen kleinen Abstecher über die Skistation Monts d'Olmes machen.

Von ihrem einsam gen Himmel ragenden Felsengipfel aus überragt die Ruine Montségur das umliegende Land als wolle sie an den Holocaust erinnern, dem ihre Verteidiger zum Opfer fielen. Montségur ist nämlich nicht nur ein Ort von außergewöhnlicher Schönheit. Die 1204 wiederaufgebaute Burg wurde 40 Jahre später zu einem der letzten Widerstandsnester der Katharer. Von den königlichen Truppen belagert, mußten sie sich ergeben. Doch wollten sie weder die Schande einer Flucht auf sich nehmen,

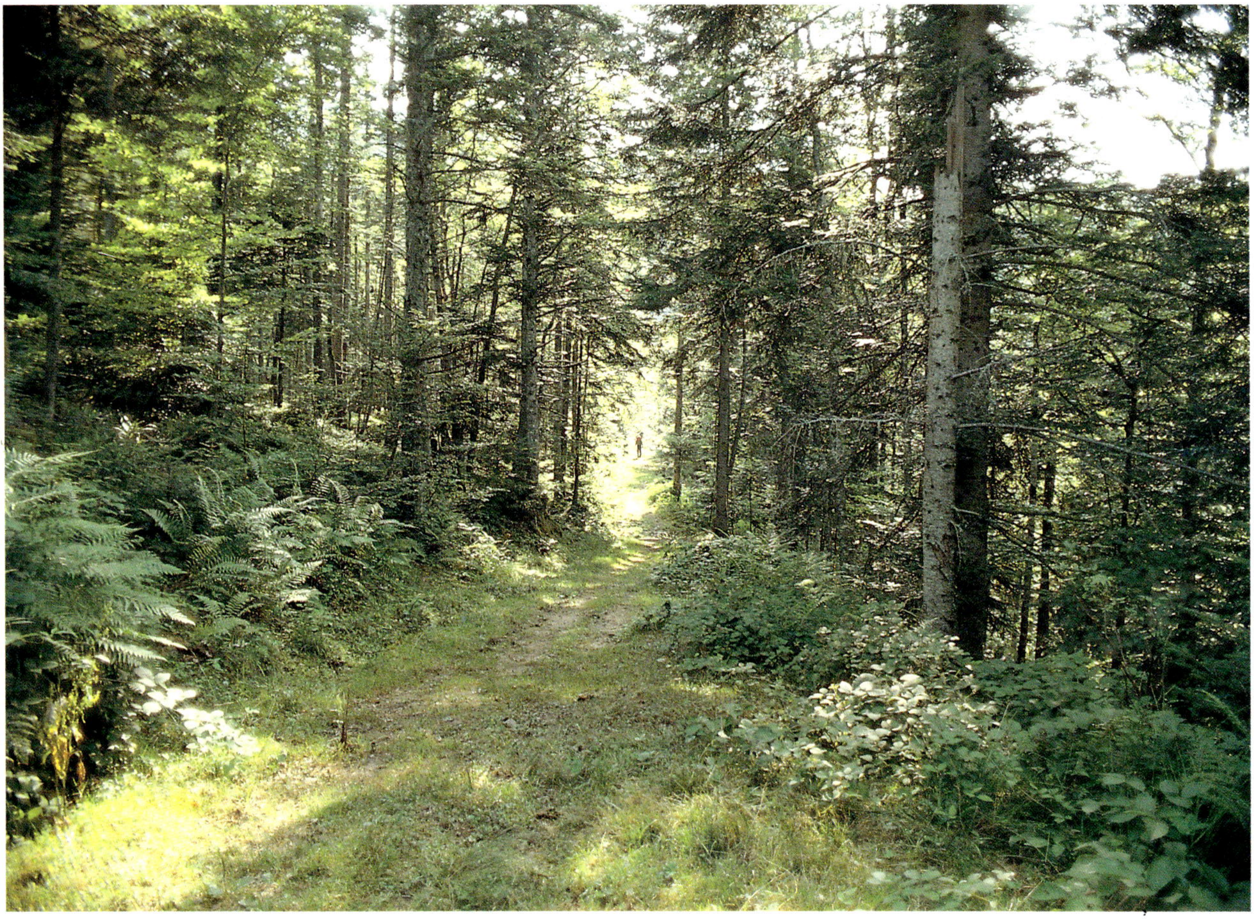

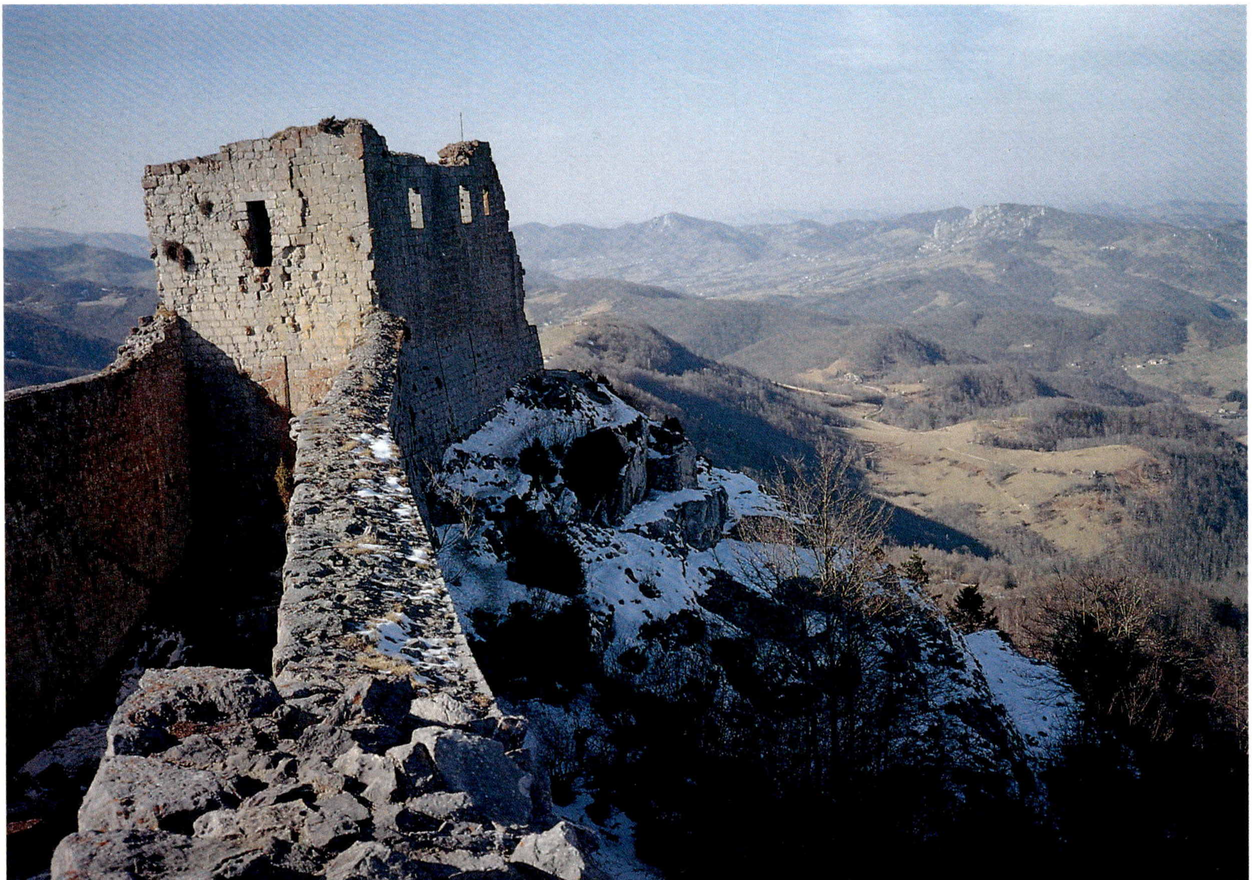

noch den Preis einer Begnadigung zahlen, indem sie ihrem Glauben abtrünnig wurden. Am Morgen des 16. März 1244 stiegen deshalb 225 Ketzer auf den Scheiterhaufen. Das zum Symbol gewordene Montségur ist für viele ein Berg der Erleuchtung, wo allen Dingen ein mysteriöser Wert beigemessen wird. Wenn Sie am 21. Juni in der Gegend sind, sollten Sie auf die Suche nach dem Gral gehen. Mitten unter seltsamen, bizarr gekleideten Besuchern, als kämen Sie von einem anderen Planeten, kann man versuchen, das Geheimnis des Sonnenstrahls aufzudecken, der die Burg durch zwei Schießscharten durchquert und der vielleicht die Schlüssel zu einem verborgenen Schatz oder zur Weisheit besitzt.

Das tief eingeschnittene Hers-Tal, in dem das Andenken an die Häretiker noch immer lebendig ist, führt nach Bélesta. Es herrscht eine eindrucksvolle Stille im Tal, als wolle es den Besucher dazu einladen, sich zu Fuß in das Hochtal zu begeben, wo die *Gorges de la Frau* (Schlucht der Angst) ihren Namen zu Recht trägt. Weniger furchterregend doch genauso originell ist der Brunnen von Fontestorbes (der «verrückte Brunnen»), eine intermittierende Karstquelle, die jede halbe Stunde versiegt. Wahrscheinlich deshalb, so berichtet die Legende, weil sie ihr Wasser aus einer von Feen bewohnten Grotte holt. In Bélesta stößt man wieder auf die Zivilisation. Doch soll diese uns nicht davon abhalten, einen Spaziergang durch einen der schönsten Tannenwälder der Pyrenäen zu machen. In Puivert taucht uns eine weitere Katharerburg wieder in die zweideutige Atmosphäre des okzitanischen Mittelalters. Einerseits zeugen die zahlreichen Ruinen von Kriegen, andererseits war es aber auch die Zeit der Troubadourlieder, wie wir es an den in den Donjon eingravierten Darstellungen von Dudelsäcken, Harpen und Violen sehen.

ABSTECHER NACH CARCASSONNE

In Quillan fahren wir, die Pyrenäen zurücklassend, das Aude-Tal hinunter nach Carcassonne, dessen Anziehungskraft man nicht widerstehen kann. Unterwegs entdecken wir Alet-les-Bains, ein kleines Thermalbad, dessen alte Gassen zu einem gemütlichen Bummel einladen. Über den Place de la République gelangen wir schließlich zur Kirche Saint-André, die bemerkenswerte Fresken beherbergt. Nicht weit von hier liegt Limoux, das für seinen Schaumwein *blanquette* und seinen *carnaval des Fecos* berühmt ist, der von Januar bis März die Stadt jeden Sonntag in Atem hält. Limoux liegt tief in ein grünes Becken, den «Garten der Aude», eingebettet, den man vom Pont-Neuf aus

*Links:
Mit seiner 2,5 km langen Ringmauer und seinen zwei Burgen ist Peyrepertuse, das «himmlische kleine Carcassonne», eine richtige Stadt (Foto Jacques Jolfre).*

Der Forêt de Bélesta ist einer der schönsten Wälder der Pyrenäen. (Foto Georges Claustres).

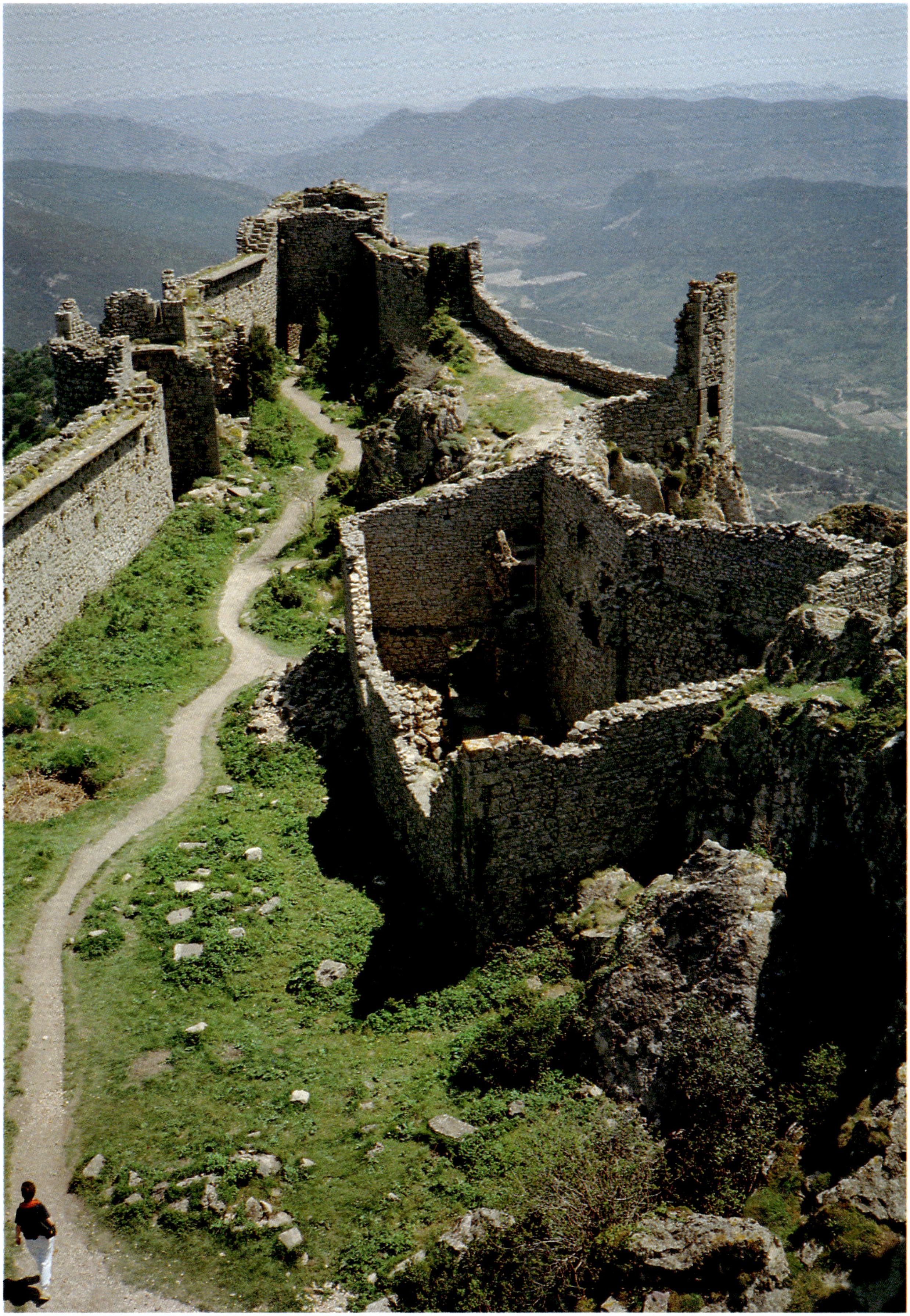

Durch seine Größe, seine ockergelbe Farbe und seinen spanischen Ursprung nimmt Salses (16. Jh.) eine Sonderstellung im französischen Festungsbau ein (Foto Claude Perrin).

bewundern kann, bevor man sich im Petiet-Museum eine originelle Sammlung stilisierter Früchte und Blumen ansieht. Nach dem Modern Style und der Belle Epoque führt die Abtei Saint-Hilaire wieder ins Mittelalter zurück und bereitet uns auf den Besuch von Carcassonne vor.

Von einem Felsvorsprung aus überragt die mittelalterliche Festung und Hauptstadt des Departements Aude die ganze Umgebung. Mit ihrer doppelten Ringmauer und ihren 44 Türmen ist die *Cité* ein einmaliges Beispiel des mittelalterlichen Festungsbaus, zumal der 1287 Meter lange innere Mauerring in seinem Fundament noch Teile römischer und westgotischer Festungswerke aufweist. Weitere Sehenswürdigkeiten der Cité sind: das Stadttor *Porte Narbonnaise*, eine von zwei mächtigen Türmen flankierte Burgfestung ; das *Château comtal,* (gräfliche Burg aus dem 12.Jh., doch umgebaut), in dem heute ein archäologisches Museum untergebracht ist; die Basilika Saint-Nazaire (schöne Fenster); das Panorama vom Saint-Nazaire-Turm aus. Doch sollte man sich auch zu einem Bummel durch die Straßen der Altstadt verleiten lassen. In der *Ville basse* (Unterstadt) sollte man vom Pont-Vieux aus den herrlichen Blick auf die Stadtfestung genießen, und das Hôtel de Murat (18. Jh.), die Kathedrale und die Kirche Saint-Vincent (beide im gotischen Stil des Languedoc) besichtigen.

DAS CORBIERES-MASSIV

Der Rückweg in Richtung Perpignan und Gebirge führt durch die Corbières, einen Ausläufer der Pyrenäen. Auch hier werden wir auf den Katharerburgen Peyrepertuse (mit 7000 m^2 eine der größten Burgfestungen Europas) und Quéribus in das Mittelalter zurückversetzt. Man sollte sich Zeit nehmen und zu Fuß zu den Burgen hinaufsteigen, um die wilde Schönheit der Landschaften zu genießen, in denen Bergkämme, Plateaus, Täler und Schluchten aufeinanderfolgen. Von den Corbières aus bietet sich ein Abstecher ins Agly-Tal an, wo das Dorf Tautavel liegt, eine bedeutende prähistorische Fundstätte. Von Maury aus, wo lieblicher Wein gut gedeiht, kommt man nach Grau de Maury (Panorama auf die Corbières) ; und schließlich in die beeindruckenden Schluchten von Galamus und La Clue de la Fou.

Vor Perpignan führt ein kleiner Abstecher nach Salses. Die mächtige Festung hebt sich ockergelb und rosa vor der strengen, dem Wind ausgesetzten Landschaft ab. Die im 15. Jahrhundert von den Spaniern errichtete Festung wurde 1538 in ihrer heutigen Form wiederaufgebaut.

DIE COTE VERMEILLE

Von Perpignan (siehe katalanische Pyrenäen) aus, das man über die freundliche Ebene des Roussillon erreicht, kommt man über Elne, einst Illiberis genannt, von dessen großer religiöser Vergangenheit eine imposante Wehrkirche zeugt, bei Argelès an die Côte Vermeille. Dieser Küstenstreifen am Fuß des Albères-Massivs, des letzten Pyrenäenausläufers, verdankt seine landschaftliche Schönheit und sein typisches Gepräge seinen kleinen, hinter Felsen versteckten Buchten und alten Dorffestungen.

Zwischen Weinbergen und Meer führt die Küstenstraße nach Collioure, dessen Reiz man kaum widerstehen kann. Viele Maler lebten hier, unter ihnen Braque und Foujita. Doch nicht nur die Schönheit der Stadt und ihres Hafens zieht die Touristen an. Auch die vom Meer umspülte Kirche Saint-Vincent, die Zitadelle und die Gassen im Altstadtviertel sind einen Besuch wert.

Von Collioure aus kann man auf der Küstenstraße über Vendres nach Banyuls und Cerbère, dem letzten Ort auf französischer Seite, weiterfahren. Empfehlenswert sind auch eine Fahrt auf der Höhenstraße und die Besichtigung des Madeloc-Turms. Der kleine, unbedeutende Wachtturm kann zu Fuß erreicht werden. Er bietet einen herrlichen Rundblick vom Cap d'Adge bis zum Cap Creus.

Collioure (Foto Claude Perrin).

Der Boulevard des Pyrénées bietet einen der schönsten Rundblicke auf die Gebirgskette. Im Zentrum der Pic du Midi d'Ossau (Foto Patrick Bernière).

Das Béarn
und das Haut-Aragon

Das Béarn, dessen schwarze Schieferdächer im Gebirge mit den roten Ziegeln des hügeligen Vorlandes kontrastieren, ist eine moderne Region, die seit den 50iger Jahren im Rhythmus des Industrie-Komplexes von Lacq lebt, und gleichzeitig ein geschichtsträchtiges Land. Die romanischen Kirchen erinnern an die große Vergangenheit des einst unabhängigen Landes, aus dem Könige Frankreichs und Schwedens und die Maharadschas Bhopals hervorgegangen sind. Im Béarn dringt der Reisende bereits ins Hochgebirge ein, wo sich die Täler zwischen hohen, kühn emporragenden Gipfeln schluchtartig verengen. Jenseits der Grenzpässe im Norden der Provinz Huesca öffnet sich die grandiose Landschaft des Haut-Aragon, dessen unberührter Charakter noch von der Rauheit des Klimas unterstrichen wird, denn der mediterrane Einfluß wird hier übergangslos vom ozeanischen Klima verdrängt, das im Béarn immer vorherrscht.

PAU,
DIE KÖNIGLICHE STADT

Als Metropole am Adour und ehemaliger Sitz der Vizegrafen von Béarn und Heinrichs IV. ist Pau eine echte Hauptstadt, aber eine Hauptstadt, die durch ihren jugendlichen und zwanglosen Charakter den Anschein einer Sommerfrische vermittelt. Die Universitätsstadt erkennt man an den Studenten, die die Cafés an den Plätzen und am Boulevard des Pyrénées beleben. Die elegante Stadt ist aber auch von ihrer aristokratischen Vergangenheit geprägt, denn im 18. Jahrhundert war sie ein beim spanischen Adel beliebtes Winterferienziel, während die englische Aristokratie im 19. Jahrhundert hier ihren Urlaub verbrachte. Aus dieser Zeit erbte die Stadt eine der schönsten Promenaden Frankreichs, den Boulevard des Pyrénées, hinter dessen Front sich die zerklüftete Silhouette der Pyrenäenkette in mehr als 100 km Entfernung über Wälder hinweg plastisch abzeichnet.

An der höchsten Stelle des Boulevards steht das Schloß, das alle Stilrichtungen vom Mittelalter bis ins 19. Jahrhundert in sich vereint. Es überragt das Tal und den Fluß von einem, 50 Meter hohen Steilhang aus und beherbergt heute ein staatliches Museum, dessen Hauptsehenswürdigkeiten die königlichen Gemächer sind, in denen Heinrich IV. geboren wurde - das Mobiliar wurde im vergangenen Jahrhundert stark verändert - und Wandteppiche von selten schöner Qualität.

Am anderen Ende des Boulevards bietet der Parc Beaumont schöne Landschaftsgärten, die vom Raffinement des mondänen Lebens in den Winterurlaubsorten im 19. Jahrhundert zeugen.

Doch haben die Einwohner von Pau nicht vergessen, daß ihre Stadt, bevor sie «englisch» wurde, vom Gebirgscharakter der Pyrenäen geprägt war. Die intime und herzliche Atmosphäre der alten Gebirgsorte ist im Stadtviertel Le Hédas, das nach dem Bach, der es durchfließt benannt ist, besonders zu spüren. Der von Grund auf restaurierte Stadtteil mit seinen alten Häusern und dem ehemaligen Flußbett, das in eine Straße verwandelt wurde, ist heute ein Ort voller Charme. Dieses Gepräge der Pyrenäen kommt auch in dem spitzen Schieferdach und in den Galerien des Geburtshauses Bernadottes zum Ausdruck, in dem heute ein Museum untergebracht ist.

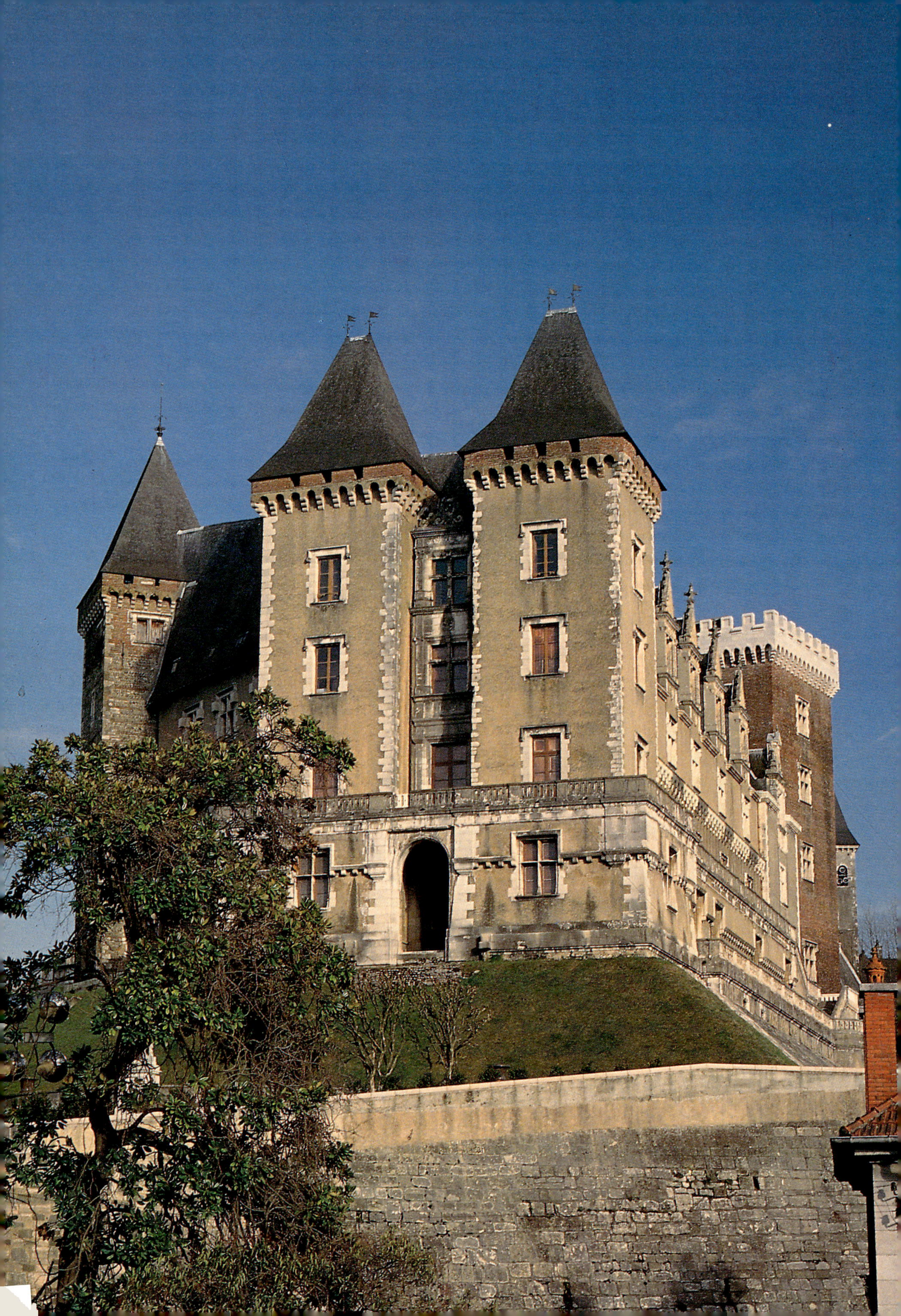

OLORON-SAINTE-MARIE

Oloron, das die Berge und Täler des Béarn beherrscht, liegt mitten in einer waldreichen Hügellandschaft am Zusammenfluß der Flüsse Aspe und Ossau, die von da ab den Oloron bilden. Die von den Römern gegründete und zum Bistum aufgestiegene Stadt zeigte lange Zeit ein zwiespältiges Gesicht: das Oloron der Vizegrafen wetteiferte mit dem Sainte-Marie der Bischöfe. Heute sind beide Stadtteile zu einem Ort zusammengeschmolzen, dessen Schönheit in der Komplexität des Reliefs liegt, an das sich die kleinen Straßen und Plätze anpassen mußten.

DAS BARETOUS

Das Barétous, das landschaftlich der benachbarten baskischen Provinz Soule ähnelt, ist das kleinste und wildeste Tal des Béarn. Arette, der größte Ort, der 1967 von einem schrecklichen Erdbeben heimgesucht wurde, ist heute wieder ein typisches Dorf des Pyrenäenvorlandes. Die größten Reichtümer der Gegend sind jedoch tief im Tal verborgen. Durchquert man den Wald von Issaux und das Karrenfeld von Anie kommt man zum Paß Pierre-Saint-Martin und zum gleichnamigen Wintersportort. Vertreter der Talbewohner treffen sich hier alljährlich am 13. Juli mit den Vertretern der *Junta* (Versammlung der spanischen Gebiete von Roncal), um ihr seit Generationen bestehendes Abkommen hinsichtlich der Teilung des Weidelandes zu erneuern. Der 1375 abgeschlossene Vertrag gilt als der älteste Europas. Pierre-Saint-Martin ist aber auch wegen seines Abgrundes berühmt, dessen Verzweigungen eines der größten unterirdischen Netze der Welt bildet.

Oloron verdankt seinen Reiz nicht nur seiner Lage zwischen den Flüssen Aspe und Ossau, sondern auch seiner Kirche Sainte-Croix (im Bild die Apsis der Kirche) und seiner Kathedrale Sainte-Marie (schöne Orgel). (Foto Patrick Bernière).

Links:
Das Schloß von Pau ist das Hauptbauwerk der Stadt (Foto Patrick Bernière).

DIE TÄLER DER ASPE UND DER OSSAU

Die zwei größten Täler des Béarn werden von den Flüssen Aspe und Ossau durchflossen und bieten einige der schönsten Landschaften der Gebirgskette, in denen kleine Talmulden, die wie Hochgebirgsebenen anmuten, und enge Schluchten einander abwechseln. Die Täler ziehen Nutzen aus den zwei Pässen Somport und Pourtalet, die das Land mit Spanien verbinden. Auch die Nähe der höchsten Erhebungen der Westpyrenäen (Pic du Midi d'Ossau und Pic d'Anie) und des Nationalparks tragen zu seiner günstigen Lage bei. Der Reisende, der über genügend Zeit verfügt (2 oder 3 Tage), sollte die Besichtigung der zwei Täler zu einem Ausflug zusammenlegen, der ihn über das Haut-Aragon und die Täler von Aspe und Canfranc, Jaca, Tena und den Pourtalet-Paß nach Aspe-en-Ossau führt. Dabei lohnt sich auch ein kleiner Umweg über die Ordesa-Schlucht.

DAS ASPE-TAL UND DAS KLOSTER VON SARRANCE

Das Aspe-Tal besticht den Besucher nicht nur durch seine landschaftliche Schönheit, sondern auch durch seine Geschichte und Baudenkmäler. Ein Beispiel dafür ist das Kloster Sarrance, ein Marienwallfahrtsort, den ein eleganter Kreuzgang aus dem 17. Jahrhundert schmückt.

Nach dem freundlichen Talkessel von Bedous und Accous, aus dem kegelförmige Hügel herausragen, gabelt sich das Tal in zwei Richtungen.

Eine Abzweigung, die kleinere von beiden, führt über eine enge, kurvenreiche Straße nach Lescun, einem einsamen Gebirgsdorf, das von den nadelförmig zugespitzten Gipfeln des Bilare, des Pic d'Anie, des Table des Trois Rois und des Ansabère, der als einer der gefürchtesten Pyrenäengipfel gilt, überragt wird.

Die größere Straße führt zum Somport-Paß. Sie ist weniger eindrucksvoll, doch hat auch sie ihren Reiz. Sie führt durch zwei Dörfer. Das erste, Etsaut, ist das Tor zum Nationalpark und besitzt ein Bärenmuseum. Hier verläuft der Große Wanderweg Nr. 10 eine Zeit lang auf der Straße entlang, bevor er in den ehemaligen Holzfällerpfad übergeht. Die Straße führt weiter hinauf durch tiefe Schluchten,

Das von breiten Mulden durchzogene Vallée d'Ossau ist eines der schönsten Täler der Pyrenäen (Foto Patrick Bernière).

Rechts: Der Kreuzgang der Abtei von Sarrance.

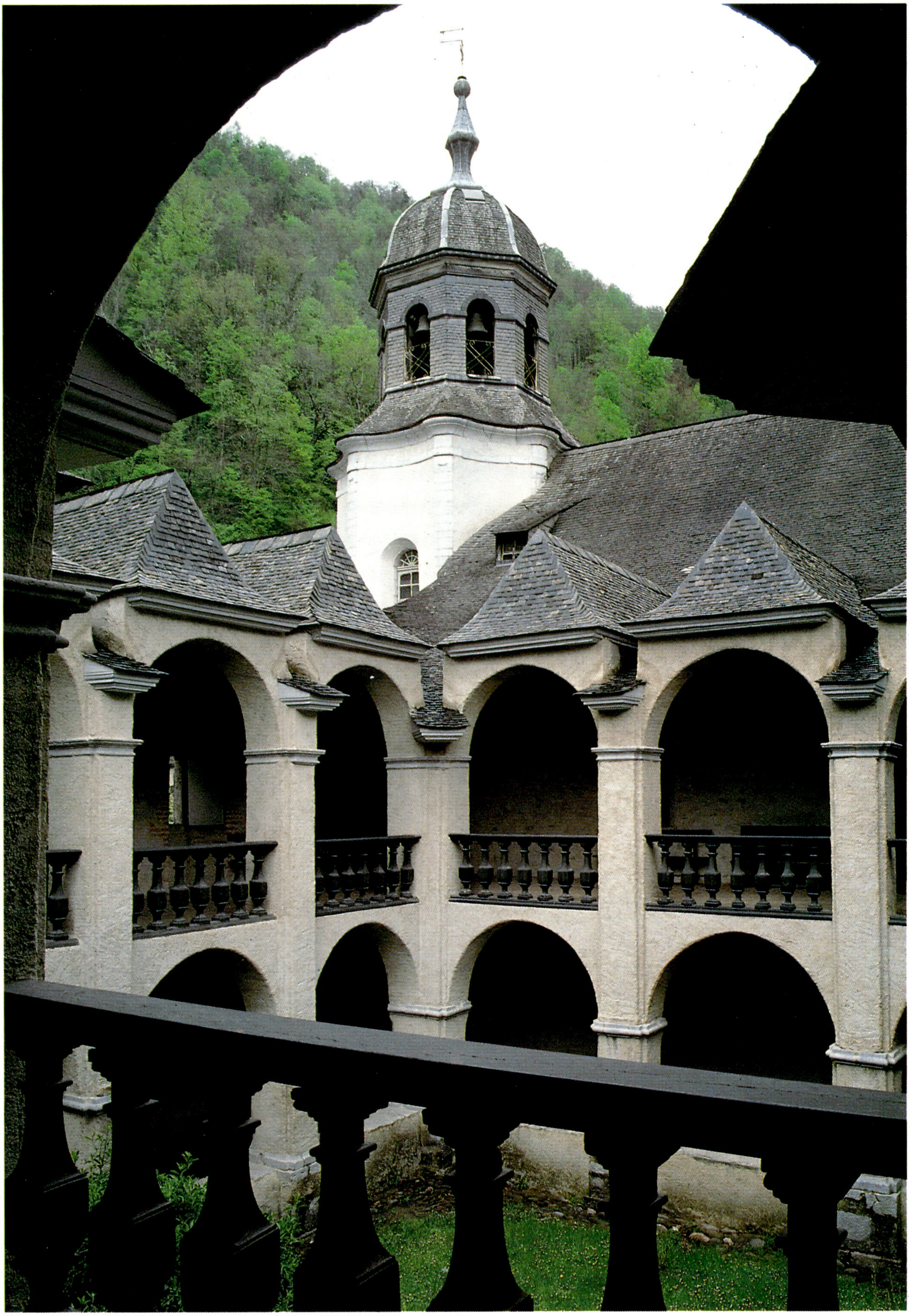

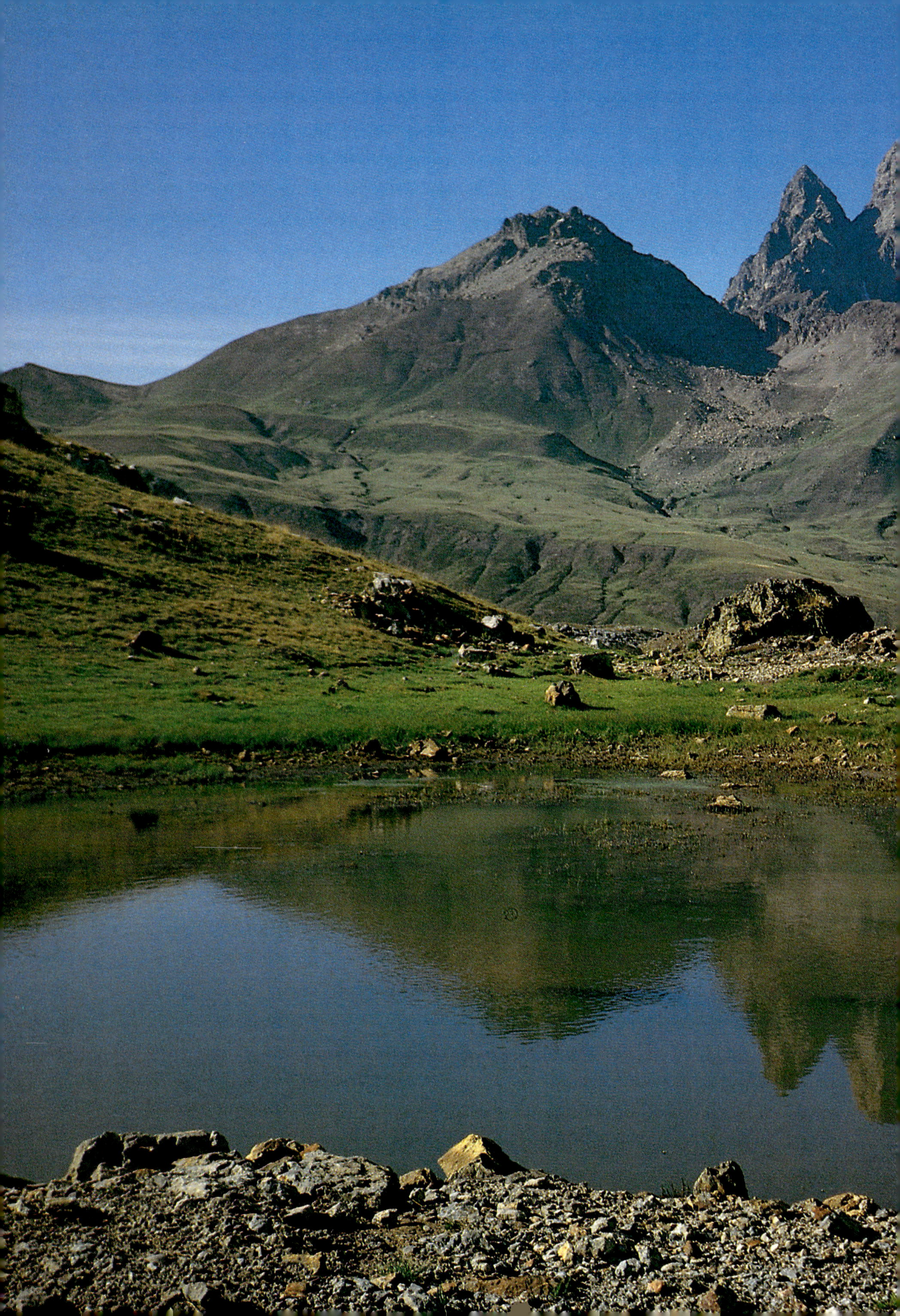

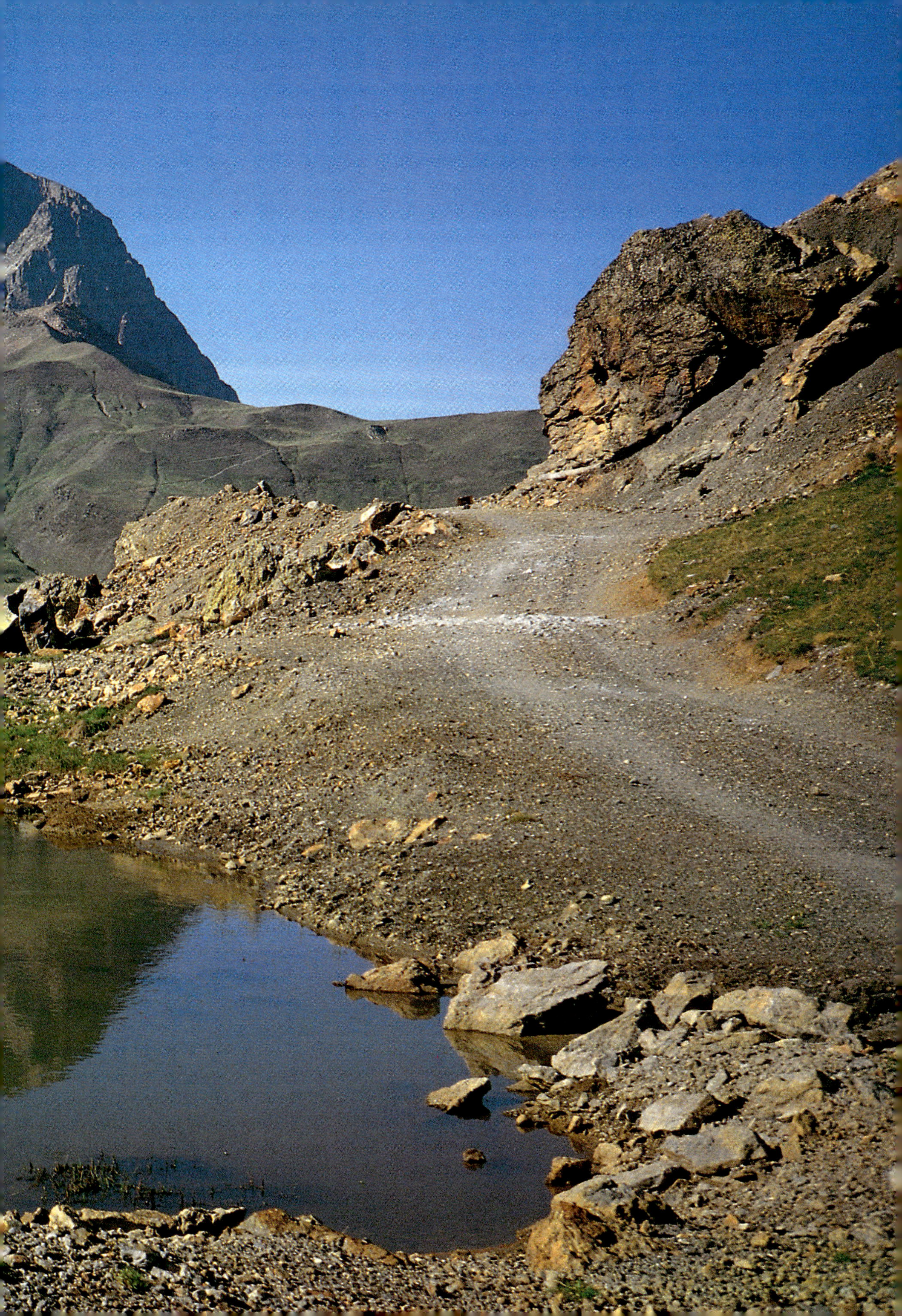

Die Häuser von Castet-en-Ossau sind typisch für das Béarn (Foto Patrick Bernière).

Vorangehende Seiten:
Blick auf Ossau vom Somport-Paß aus.
(Foto Jean Foucher).

Der Pic du Midi d'Ossau, den man an seiner zweigeteilten Pyramide erkennt, überragt die Landschaft und spiegelt sich im See von Ayous (Foto Jacques Jolfre).

die von den auf einem Felsen stehenden Kasematten des Fort du Pourtalet überragt werden. Sie dienten dem Schutz vor Invasionen aus Spanien. In Urdos, dem letzten Dorf vor dem Paß, öffnet sich die Landschaft zu einem Tal hin, in dem einst Hüttenwerke florierten, die heute von Hecken und Sträuchern überwuchert werden. Bevor wir zum Paß kommen, bietet sich uns beim Durchqueren der geschützten Zone des Nationalparks vor dem schönen Aspe-Talzirkus ein farbenprächtiges Schauspiel, bei dem sich die Rotnuancen des Felsgesteins herrlich in die bunte Farbpalette der Vegetation einfügen. Auf dem Paß (1631 m) angelangt, von wo aus man die ganze Gebirgskette überblicken kann, kommt man indessen nicht umhin, all derer zu gedenken, die ihn überquert haben, von den Soldaten Hasdrubals bis zu den Händlern und Pilgern im Mittelalter.

DAS OSSAU-TAL

Wie im Aspe-Tal wechseln auch im Ossau-Tal Talmulden und Schluchten einander ab. Doch kommt hier mehr als anderswo die majestätische Harmonie der Pyrenäenlandschaften einerseits in der Architektur, die nicht so streng ist wie im Aspe-Tal, und andererseits in der breiten, sich zwischen zwei steilen Felswänden erstreckenden Talsohle zum Ausdruck. Dieses schön angeordnete Landschaftsbild bietet sich dem aus Pau oder Oloron kommenden Besucher bereits in Arudy. Der vom Vorland durch eine Gletschermoräne getrennte, hermetisch abgeschlossene Talkessel ist von Kuppen durchzogen, die der Landschaft ein freundliches Gesicht verleihen.

Flußaufwärts zeichnet sich in der Ferne die zweigeteilte Pyramide des Pic du Midi d'Ossau (2872 m) ab, während das Tal enger wird, um sich etwas weiter wieder in einer Mulde zu öffnen, in der zwei der schönsten Dörfer der Gegend Ossau liegen. Das im Schatten des ehemaligen Schlosses der Vizegrafen von Ossau zwischen grünen Abhängen eingebettete Castet ist ein typisches Dorf des Béarn. Die schönen Renaissance-Häuser und ein Schloß aus dem 18. Jahrhundert erinnern an die einstige Bedeutung des im Herzen der Talmulde gelegenen Ortes Bielle. Das Dorf war ursprünglich eine galloromische Siedlung, was die antiken Säulen in der Kirche (16. Jh.) erklärt. Für die Einheimischen haben sie symbolische Bedeutung, denn der Legende nach sollen sie Heinrich IV., der die Säulen für sich beansprucht, geantwortet haben: «Majestät, unser Herz und unser Leben gehören Ihnen, doch diese Pfeiler gehören Gott ; er ist dafür zuständig».

Ab Larus gabelt sich das Tal in mehrere Routen, die alle zahlreiche Ausflugsziele bieten. Die größte Route führt um den Pic du Midi

Die Mallos de Riglos im Haut-Aragon sind spektakuläre Zuckerhüte aus rosa Puddingstein (Foto Jacques Jolfre).

herum am Fabrège-See entlang bevor sie inmitten einer Hochgebirgslandschaft, die sich auf den schönen Talzirkus Anéou hin öffnet, steil zum Pourtalet-Paß hin ansteigt. Nach dem Paß findet ein radikaler Dekorwechsel statt: das friedliche Ossau weicht dem ungestümen Tena-Tal.

Die Seen von Ayous und Routen durch Ossau

Unter den zahlreichen Sehenswürdigkeiten der Gegend Ossau verdienen einige aufgrund ihrer Bekanntheit und Schönheit besondere Beachtung. Eines der beliebtesten Ausflugsziele ist der Aufstieg zum See von Artouse, der in 2000 m Höhe in einen Talzirkus aus Granitgestein eingebettet liegt. Die Schönheit des Ortes lädt zu Wanderungen ein. Der vom Tal aus hinaufführende Sessellift und die abenteuerliche Bergbahn machen die Ausflüge zu regelrechten Expeditionen.

Das berühmteste Ziel der Pyrenäenwanderer sind jedoch die Seen von Ayous. Die Wanderung beginnt am Stausee von Bious Artigues. Vom Parkplatz aus bietet sich ein herrlicher Blick auf den Pic du Midi, der aus den Wäldern und Felsen hervorragt. Nach dem Durchqueren des Waldes kommt der Wanderer zu den Seen von Ayous (Romassot, Le Miey, Bersau und Castéraou), eiszeitlichen Trogtälern, die zum Ossau-Tal hin abfallen. Allein schon des Blickes auf den Berggipfel und dessen Spiegelbildes in der Wasseroberfläche wegen lohnt sich der Aufstieg. Die Felsnischen, die den Stolz des Nationalparks ausmachen, beherbergen aber auch eine Vielzahl an interessanten Pflanzen und Tieren, auch wenn einige Arten nicht so leicht zu beobachten sind wie die Forellen, die seit dem Ende der Eiszeit gezwungenermaßen die Seen bewohnen.

Vom Parkplatz des Stausees Bious Artigue aus bietet sich die Rundwanderung um den Cervin des Pyrénées an, dem die Einheimischen liebevoll auch den Beinamen «Jean-Pierre» geben.

DAS HAUT-ARAGON

Die geschichtsträchtige Gegend Haut-Aragon, von der die Reconquista ihren Ausgang nahm, zieht aufgrund ihrer landschaftlichen Schönheit und ihres reichen Kulturerbes immer mehr Besucher an. Die alten Dörfer mit Häusern aus getrocknetem

Rechts:
Die Wasserfälle, die im Ordesa-Tal (südlich des Mont-Perdu) von den Bergen herabstürzen, nehmen die seltsamsten Formen an. Im Bild der sogenannte «Pferdeschwanz» (Foto Jacques Jolfre).

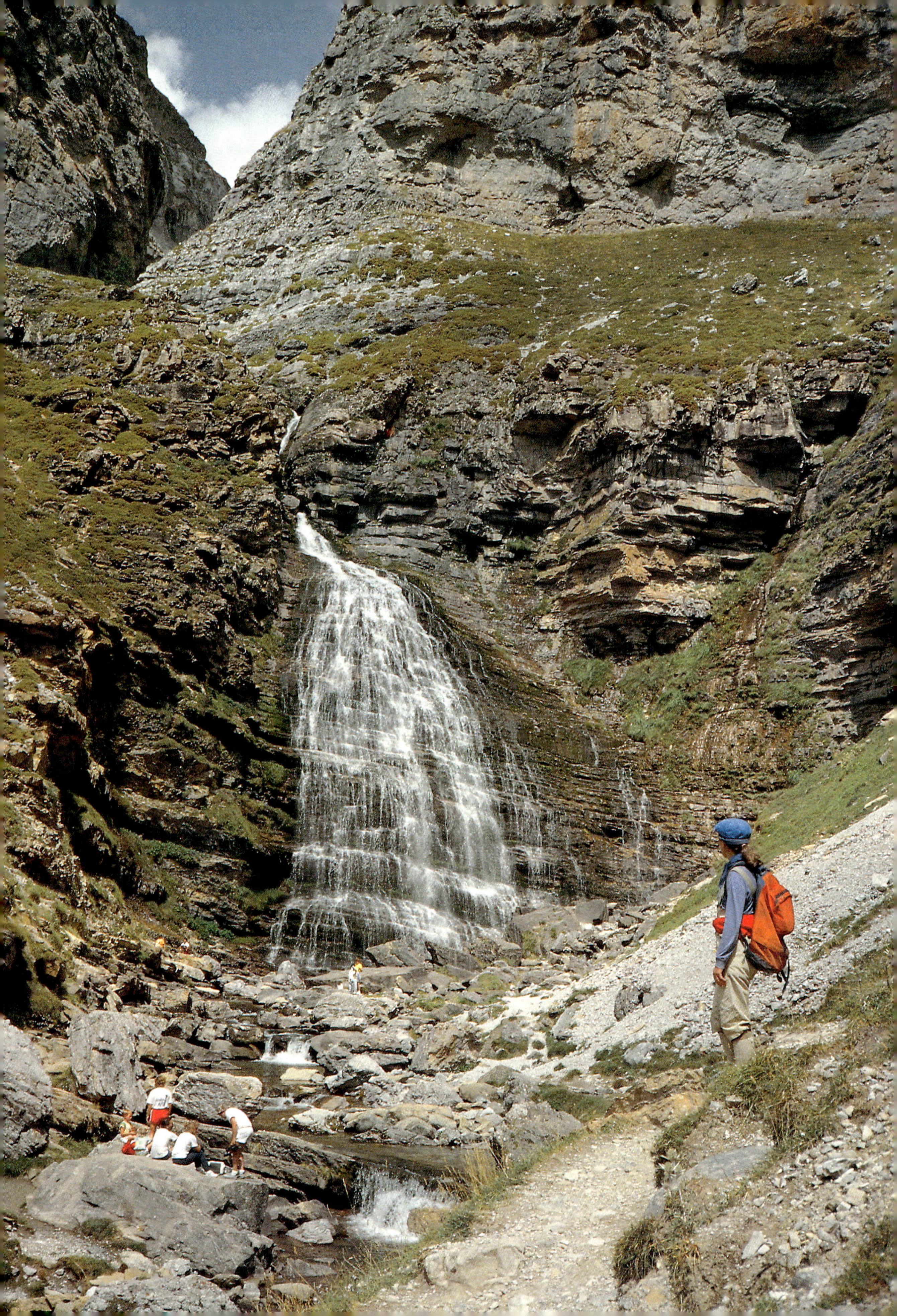

Die Felsen von Mascun in der Sierra de Guara ragen wie Nadelspitzen, einmal schlank, einmal massiv, zwischen den Kalkwänden hervor und erinnern an eine Märchenlandschaft, in der Minaretts und Donjons einander abwechseln (Foto Jacques Jolfre).

Stein, die zuweilen verlassen sind und die unberührte Natur machen sie zum idealen Ziel für Wanderer, die immer zahlreicher hierherkommen, um die Berge des Béarn und der Zentralpyrenäen zu entdecken.

DAS CANFRANC-TAL

Vom Somport-Paß aus führt die Straße ins Canfranc-Tal (auch Hochtal von Aragonien genannt). In wenigen Kilometern verändert sich die Physionomie der Landschaft, und der Besucher kommt vom ozeanischen Frankreich in das mediterrane Spanien. Die Hauptkuriosität des Tales ist der internationale Bahnhof, der für den ephemeren "Transpyrenäenexpress" gebaut worden war.

Die Eisenbahnlinie durch das Gebirge war schon im Zweiten Kaiserreich geplant worden, wurde jedoch erst 1928 nach dem Durchbruch des Somport-Tunnels gebaut. Die Strecke, die damals als technische Glanzleistung gefeiert wurde, brachte jedoch nie viel Gewinn und wurde 1970 nach einem Zugunglück, bei dem eine Brücke einstürzte, stillgelegt.

Das Canfranc-Tal endet bei Jaca, dessen im 11. Jahrhundert begonnene Kathedrale eines der hervorragenden Werke der romanischen Kunst Spaniens ist. Die Stadt ist auch Ausgangspunkt für Ausflüge in die Berge Aragoniens, insbesondere zu dem einsam liegenden Kloster San Juan de la Pena, wo die Christen dem Islam Widerstand leisteten, und Les Mallos de Riglos, den spektakulären Zuckerhüten aus rosa Puddingstein.

DAS TENA-TAL UND DER ORDESA-NATIONALPARK

Das gegenüber dem Ossau-Tal liegende spanische Tena-Tal bietet dem vom Pourtalet-Paß kommenden Besucher den gleichen Dekorwechsel.

Auf der Höhe von Biescas sollte man einen Umweg (60 km hin und zurück) zum Parc National d'Ordesa und zum Monte Perdido machen. Das 1918 eingerichtete, 15 000 ha große Naturschutzgebiet ist eines der ältesten und reichsten Europas, denn hier leben die letzten Steinböcke der Pyrenäen. E

Gourette vom Aubisque aus (Foto Jean Foucher).

ist jedoch nicht nur von ökologischem Interesse, sondert zeichnet sich auch durch sein bemerkenswertes Landschaftsbild aus (geometrisch verlaufende Stufen, Felswände, die ihre Farbe wechseln, ruinenartige Reliefs und Wasserfälle), das ihm den Beinamen «Colorado der Pyrenäen» einbrachte.

DIE SIERRA DE GUARA, DAS LAND DER HEXEN

Die Sierra de Guara, das Land der Hexen. Bei der Rückfahrt durch das Tena-Tal kann man den Ausflug über die Pyrenäen hinaus in Richtung Huesca und Sierra de Guara ausdehnen. Die zum Vorgebirge gehörende Sierra verdankt ihren Ruf als touristischer Anziehungspunkt ihren besonders bizarren Landschaften, die sich aus Schluchten und *barrancos* (Abgründen) zusammensetzen. Der anderswo oft übertrieben benutzte Begriff Sehenswürdigkeit reicht hier nicht aus, um die seltsame Gebirgslandschaft zu beschreiben, die eine Laune der Natur entstehen ließ. Das Phänomen ist im *Barranco de Mascun* am erstaunlichsten. Die Felsen ragen wie Nadelspitzen, einmal schlank, einmal massiv, zwischen den Kalkwänden hervor und erinnern an eine Märchenlandschaft, in der Minaretts und Donjons einander abwechseln. Höhlen, Brücken, Monolithen, Burgen und Schlösser, alle vom Menschen erfundenen Bauformen wurden hier schon vor ihnen von der Natur oder von übernatürlichen Wesen erdacht. Das glaubten die Sarazenen, die den Ort *maskrum*, «Land der Hexen», nannten.

AUBISQUE, DIE PFORTE ZU DEN PASSTRASSEN

Von Laruns aus führt die Route des Pyrénées (Pyrenäenstraße) durch das dem Ossau-Tal benachbarte Aventin-Tal zum Thermalbad Les Eaux-Bonnes und nach Gourette, einem Ferienort, dessen moderne Gebäude am Fuß eines doppelten Talkessels erbaut wurden, der von einem Kranz aus hohen Bergen überragt wird.

Zum Aubisque-Paß, der ein herrliches Panorama bietet, gelangt man über eine Serpentinenstraße, die Gourette überragt. Jenseits des Passes führt die Straße am Litor-Talzirkus vorbei zu einem zweiten Paß, dem Soulor, während man in weiter Ferne die Gipfel des Pic du Midi du Bigorre, des Montaigu und des Balaïtous erkennt, dessen Gletscher die Straße und die zahlreichen, schattenwerfenden Bäume zu bewachen scheinen.

Die Route des Pyrénées führt, nachdem sie Lavedan durchquert hat, über die Pässe Tourmalet, Aspin und Peyresourde nach Bagnères-de-Luchon. Die 1739 begonnene und im Zweiten Kaiserreich auf Befehl Napoleons III. freigegebene Straße war ursprünglich dazu gedacht, die Anfahrt zu den Thermalbädern zu erleichtern und die Täler an den Verkehr anzuschließen. Berühmt wurde sie jedoch erst durch die Tour de France. Sie stellt den wichtigsten Abschnitt der im Radsport so berühmten, über vier Pässe führenden Strecke Pau-Luchon dar.

Das Département Hautes-Pyrénées, wörtlich Hochpyrenäen, die ehemalige Provinz Bigorre, trägt seinen Namen zu Recht (Foto Patrick Bernière).

Bigorre, das Land der Sterne

Wie alle Pyrenäengebiete umfaßt das Bigorre Hochgebirgs- und Vorlandstäler. Die ehemalige Grafschaft erstreckt sich beinahe ganz auf dem heutigen Gebiet des Departements Hautes-Pyrenées, was wörtlich Hochpyrenäen bedeutet und das seinen Namen aufgrund der Landschaft und der Höhe der hier beheimateten Berge zu Recht trägt: Vignemale (3298 m), Balaïtous (3146 m) und Pic Long (3192 m).

Im Bigorre befinden sich die wichtigsten touristischen Sehenswürdigkeiten der Pyrenäen: Orte wie Lourdes, Gavarnie und Pic du Midi, die in den Führern mit mehreren Sternen gekennzeichnet sind und die man unbedingt gesehen haben sollte. Leider wird jedoch die von ihnen ausgehende Faszination und Ruhe durch den dort herrschenden Massentourismus gestört. Doch hält das Bigorre dem Besucher noch viele weitere Berge, Talkessel, Thermalbäder, Wasserfälle und Orte bereit, deren Ruhe und Frieden bewahrt werden konnten.

TARBES

Um diese Inseln des Friedens zu entdecken, braucht man jedoch nicht immer weit in abgelegene Täler einzudringen oder auf den windgepeitschten Gipfel eines Berges zu steigen. Tarbes, die größte Stadt der Gegend Bigorre, konnte ihren schlichten, freundlichen Charakter bewahren, der ihren Charme ausmacht. Sie ist mehr eine Stadt des Flachlands als des Gebirges, und ihrer Entwicklung standen keine von der Natur geschaffenen Hindernisse im Wege. Vergeblich sucht man einen befestigten, die Ebene überwachenden Felsvorsprung. Der Reiz der Stadt liegt vielmehr in ihren zahlreichen, großzügig angelegten Grünanlagen. Da ist zum Beispiel der Jardin Massey, ein 14 Hektar großer Park, in dem seltene Baumarten aus allen Kontinenten zu Hause sind. Das Botaniker-Paradies hält aber noch weitere interessante Sehenswürdigkeiten bereit wie den ehemaligen Kreuzgang von Saint-Sever-de-Rustan, der Stein für Stein hier wieder aufgebaut wurde, und das Hussaren-Museum. Das Museum ist in einem Gebäude aus dem 19. Jahrhundert untergebracht, das von einem Turm im spanisch-maurischen Stil überragt ist, und zeugt von der Reitertradition der Stadt, wie auch die vielen auf den umliegenden Koppeln weidenden Vollblutpferde und das von Napoleon I. anläßlich des Spanienkrieges gegründete Gestüt, das seit langem ein bedeutendes Pferdezuchtzentrum ist. Es konnte hier eine spezifische Rasse, das Tarbes-Pferd, gezüchtet werden, dessen Ursprung in die Vorgeschichte zurückgeht.

Das kleinwüchsige, sehr widerstandsfähige Pferd ist ein ausgezeichnetes Tragtier. Im 18. Jahrhundert wurde es vom Esel verdrängt, um im 19. Jahrhundert nahezu ganz zu verschwinden, während die Rasse durch Kreuzungen mit Angloarabern verändert wurde. Tarbes, die Stadt der Parks und Gestüte, wurde auch durch den Rugbysport und sein «Stadoceste» berühmt, dessen Bärensymbol die Ecke am Café Moderne, Place de Verdun, schmückt. Von hier aus gelangt man zu zwei weiteren Sehenswürdigkeiten, nämlich zur Kathedrale von La Sède, die romanischen Ursprungs ist, doch später umgebaut wurde, wobei eine Fassade vom Auch-Stil inspiriert ist, und zum Geburtshaus von Maréchal Foch (heute Museum).

Das Internationale Hussarenmuseum ist in einem Mitte 19. Jh. im neomaurischen Stil errichteten Schloß untergebracht und zeugt von der großen Reitertradition der Stadt. Im Vordergrund der Jardin Massey (Foto Patrick Bernière).

LOURDES, DIE STADT DER GEGENSÄTZE

Alles bestimmte Lourdes dazu, ein kleiner Marktflecken am Fuß eines befestigten Adlernestes zu bleiben, das den Ausgang der sieben Täler von Lavedan überwacht. Zumindest bis ins Jahr 1858, als die Marienerscheinungen Bernadette Soubirous den Ort zum drittgrößten Wallfahrtsort der katholischen Welt machten und ihn in eine Stadt verwandelten, in der alles in Kontrast zueinander steht.

Kontrast zwischen dem Modernismus der großen Hotels und Villen und dem ländlichen Charakter der Umgebung und der Altstadt. Kontrast zwischen der kriegerischen Festung auf dem Felsvorsprung und den Esplanaden vor den Kirchen, die Pilgern aller Länder und Rassen offenstehen. Kontrast zwischen der Grotte von Massabielle (Ort der Erscheinungen), dem Haus Bernadettes und den monumentalen, übereinander angeordneten Basiliken. Kontrast zwischen den einfachen Bauernhäusern und der barocken Kunst. Kontrast zwischen dem unruhigen Gedränge in den Geschäftsstraßen und der andächtigen Menschenmenge in den Kirchen. Kontrast zwischen dem Materialismus der Souvenirs und der Großmütigkeit der Krankenträger. Kontrast der Bahnsteige, die für die einen die Rückkehr in die Einsamkeit und für viele das letzte Bild eines Ortes des Trostes symbolisieren.

Ob Pilger oder Tourist, der Besucher muß wissen, daß Lourdes kein Ort ist, den man besichtigt, sondern den man erlebt. Wir beginnen unseren Rundgang an der langen Esplanade, die zur Rosenkranzkirche und zu der darüber errichteten Basilika der Unbefleckten Empfängnis führt. Unter der Basilika liegt die Grotte; zu den Sanktuarien von Lourdes gehören aber auch der Kreuzweg, die unterirdische Basilika Saint-Pie X. und auf der rechten Seite des Flusses, die Kirche Sainte-Bernadette. In der Stadt selbst sollte man sich neben den Hauptgeschäftsstraßen (Boulevard et Rue de la Grotte) auch die Rue du Bourg, die ihren traditionellen Charakter bewahrt hat, das Haus der Heiligen Bernadette, die Mühle von Boly und die Burg ansehen, eine Festung aus dem 15. und 16. Jh., die im 19. Jh. umgebaut wurde und in der heute das Pyrenäenmuseum untergebracht ist (typische Küche des Béarn). Das Panorama vom Cavalier-Felsvorsprung sollte man sich nicht entgehen lassen.

An Ausflugszielen fehlt es von Lourdes aus nicht. Die beliebtesten Touristenziele sind der See, die Berge Pic de Jer und Béout. Sie sind mit der Seilbahn bzw. mit dem Sessellift leicht zu erreichen und bieten einen schönen Blick auf die Umgebung.

Rechts:
Die den Fluß überragende Basilika der Unbefleckten Empfängnis von Lourdes besitzt einen neugotischen, 70 Meter hohen Turm (Foto Jean Foucher).

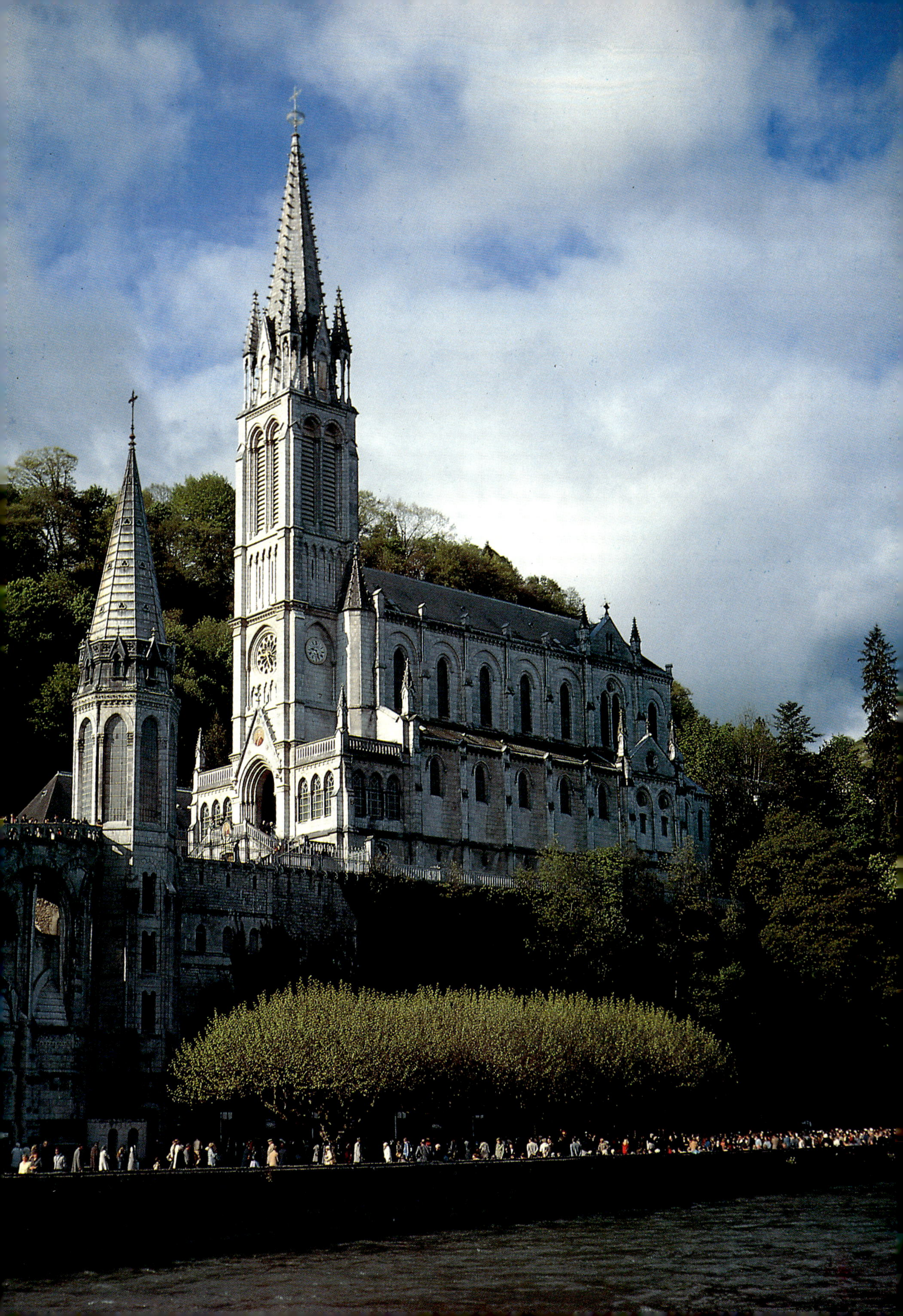

Küche der Gegend Béarn im Heimatmuseum von Lourdes (Foto Patrick Bernière).

Der Turm der romanischen Abteikirche von Saint-Savin ist mit einem Kegeldach gekrönt (Foto Patrick Bernière).

VON ARGELES-GAZOST NACH SAINT-SAVIN

Über das Tal des Gave des Pau kommen wir nach Argelès-Gazost. Die Stadt liegt mitten in einem landwirtschaftlich genutzten Becken, das von Burgen und Türmen bewacht wird und von hohen Bergen umgeben ist. Argelès, das dienstags besonders belebt ist - seit 1296 ist der Dienstag hier Markttag - ist ein Thermalbad, von dem aus man die Umgebung besichtigen kann.

Nördlich von Argelès liegt Sère-en-Lavedan, dessen romanische Kirche bemerkenswert ist, und etwas weiter Salles, die ehemalige Hauptstadt der Landschaft Lavedan, ein malerisches Dorf, das um seine Kirche und sein Schloß herum entstand.

Im Süden sind zwei Orte von Bedeutung: auf der rechten Uferseite Beaucens, auf dessen Burgfestung heute Raubvögel gezüchtet werden (Vorführungen), und auf der linken Uferseite Saint-Savin, von wo aus man einen weiten Rundblick auf das Tal hat (von Peyrefitte bis Lourdes). Der Ort besitzt eine schöne romanische Wehrkirche aus dem 12. Jahrhundert, die sich wie ein Wächter vor den Bergen und dem Pic de Cabaliros erhebt. Im Innern ist der sogenannte «Heuchlerturm» zu sehen, ein Überbleibsel aus der Zeit, in der in den Dorfgemeinschaften der Westpyrenäen zwergwüchsige Parias, die je nach Darstellung der Ereignisse von Sarazenen, Westgoten, Albigensern oder Zigeunern abstammten, eine gesonderte Gruppe bildeten.

DAS AZUN-TAL AM FUSS DES SOULOR

Von Argelès aus gelangt man auch ins Azun-Tal (Arrens-Tal), das von den Touristen oft zu Unrecht links liegen gelassen wird, denn es ist eines der Täler des Bigorre, das seinen urwüchsigen Charakter am besten

Rechts:
Blick auf Saint-Savin (Foto Patrick Bernière).

Rechts:
Die Kapelle La Pietat in der Nähe von Saint-Savin (Foto Patrick Bernière).

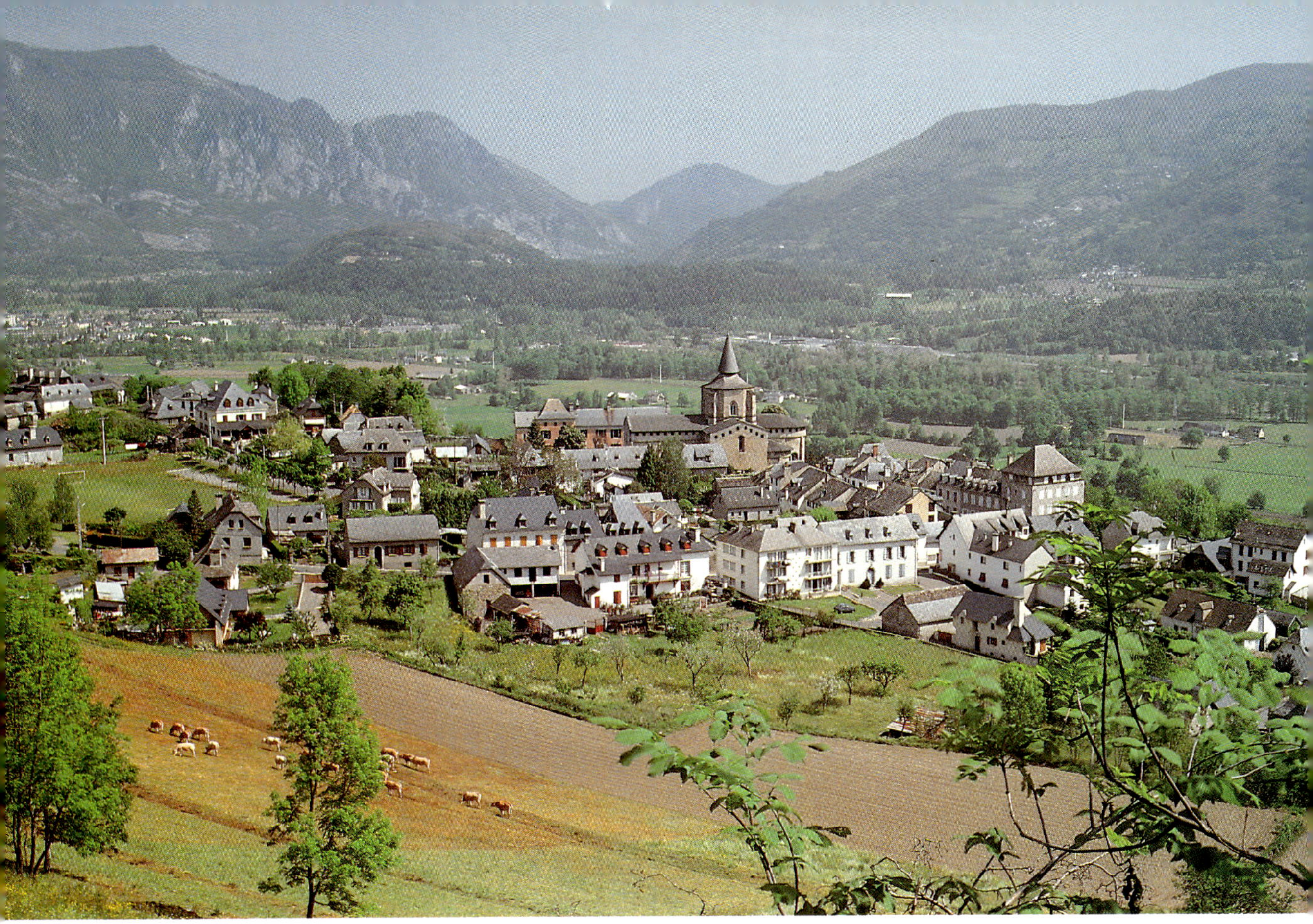

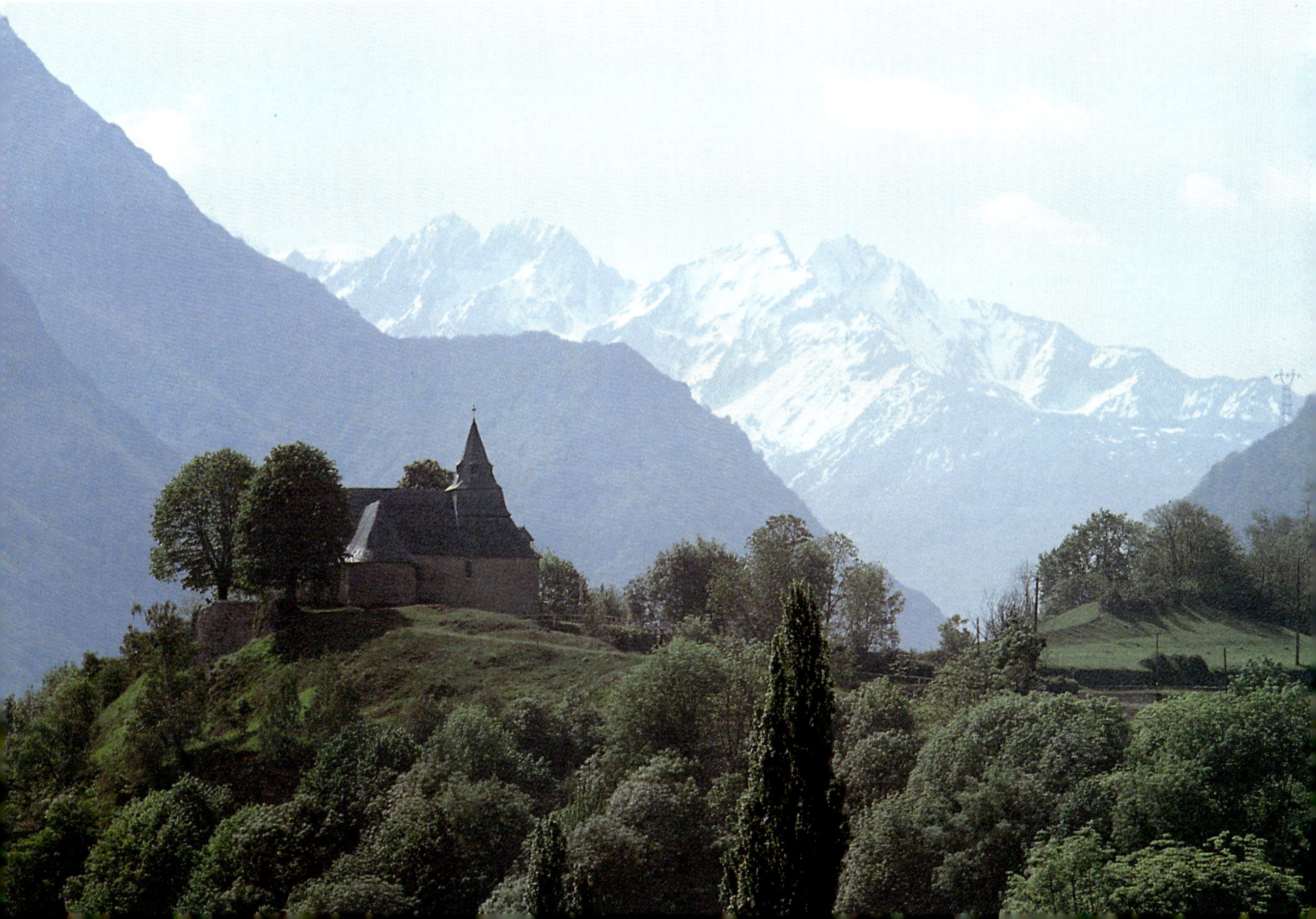

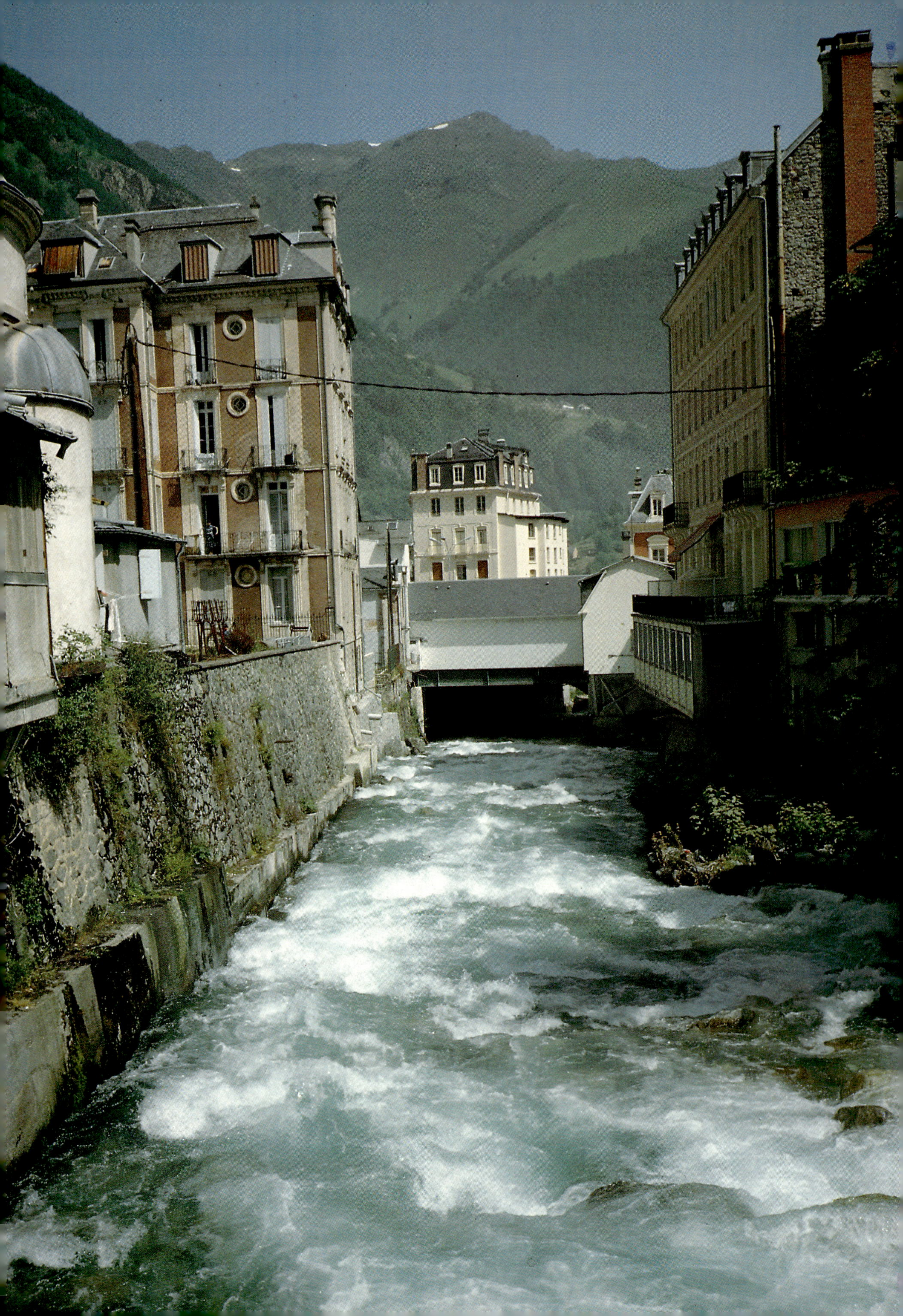

bewahrt hat. Im «Eden der Pyrenäen» - so wird das Tal auch genannt - trifft man noch auf mit frischem Heu beladene Esel. Aucun, die ehemalige Hauptstadt des Tals, hat noch einen Turm der früheren Burg und eine schöne Kirche. Das wirtschaftliche und touristische Zentrum des Tales ist jedoch heute Arrens. Dieser Ferienort, der Sommerfrischler wie Wintersportler anzieht, besitzt eine romanische Wehrkirche und vor allem eine sehr schöne Kapelle mit dem Beinamen *Capèra daurada* (vergoldete Kapelle), den sie ihrem reichen Mobiliar aus dem 17. und 18. Jahrhundert verdankt. Arrens ist ein idealer Ausgangspunkt für Ausflüge zum Soulor-Paß oder ins obere Tal nach Asté, der Pforte zum Nationalpark, dessen Museum der Natur in den Pyrenäen gewidmet ist. Ein weiteres beliebtes Ziel ist das Dorf Estaing, von wo aus eine Straße den Berg Labat du Brun hinauf zum gleichnamigen See führt. Der Reiz der Landschaft wird im Frühjahr durch die von Narzissen übersäten Wiesen noch erhöht.

CAUTERETS

Cauterets ist ein Wintersportort, über dem jedoch noch der romantische Schatten Margaretes von Navarra, George Sands, Vignys, Chateaubriands und Victor Hugos liegt, die es zu einem literarischen Zentrum der Pyrenäen machten. Die Stadt ist mit ihrer Vergangenheit verbunden, doch läßt die Erschließung zum sportlichen Ferienort keine Zeit zur Nostalgie. Dadurch gewinnen die Esplanade des Oeufs am Gave-Ufer oder der ungewöhnliche Bahnhof aus Holz im mittel europäischen Stil nur noch an Reiz.

Von Cauterets aus stehen neugierigen Wanderern zahlreiche Ausflüge zur Wahl; die beliebtesten Ziele sind die Pont d'Espagne und der Lac de Gaube.

Nach Cauterets am Gave aufwärts gabelt sich das Tal nach den Thermen von La Raillère in mehrere Wege, die alle sehenswert sind. Der größte führt ins Jéret-Tal und zeichnet sich durch seine schönen Wasserfälle aus (Cerisey, Pas de l'Ours und Boussès).

Folgende Seiten:
Das Blau des von Steilwänden eingerahmten Lac de Gaube steht im Kontrast zu der rauhen Landschaft (Foto Jean Foucher).

Das Thermalbad Cauterets ist zu einem bedeutenden Touristenort angewachsen, konnte aber seine natürliche Umgebung wahren (Foto Jean Foucher).

Umgeben von steilen Felswänden und dunklen Tannenwäldern üben sie eine magische Wirkung auf den Besucher aus. Von zauberhaftem Reiz ist auch

Links:
Wie allerorts in den Pyrenäen wurden die Häuser von Cauterets, um Platz zu sparen, direkt am Fluß gebaut (Foto Jean Foucher).

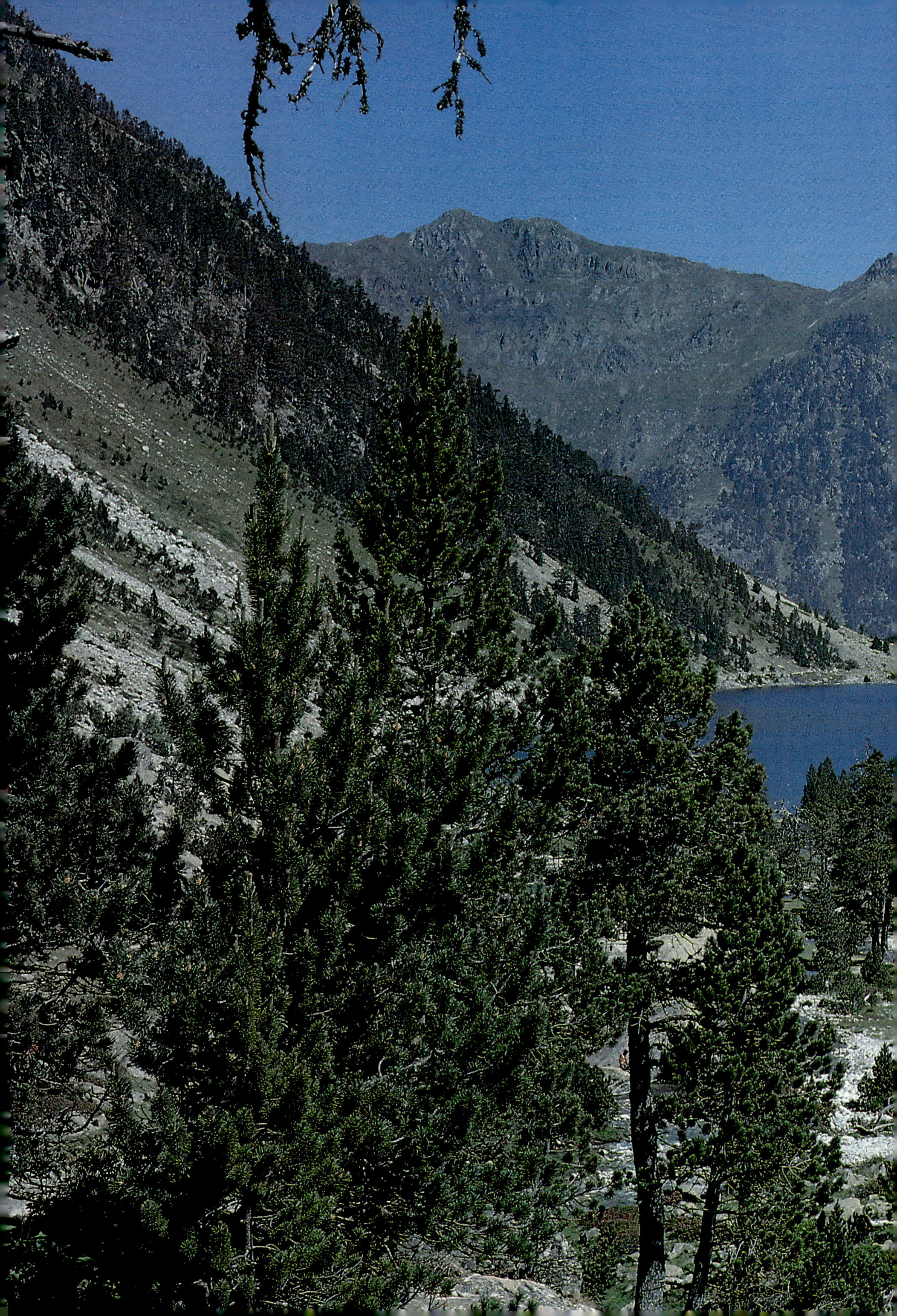

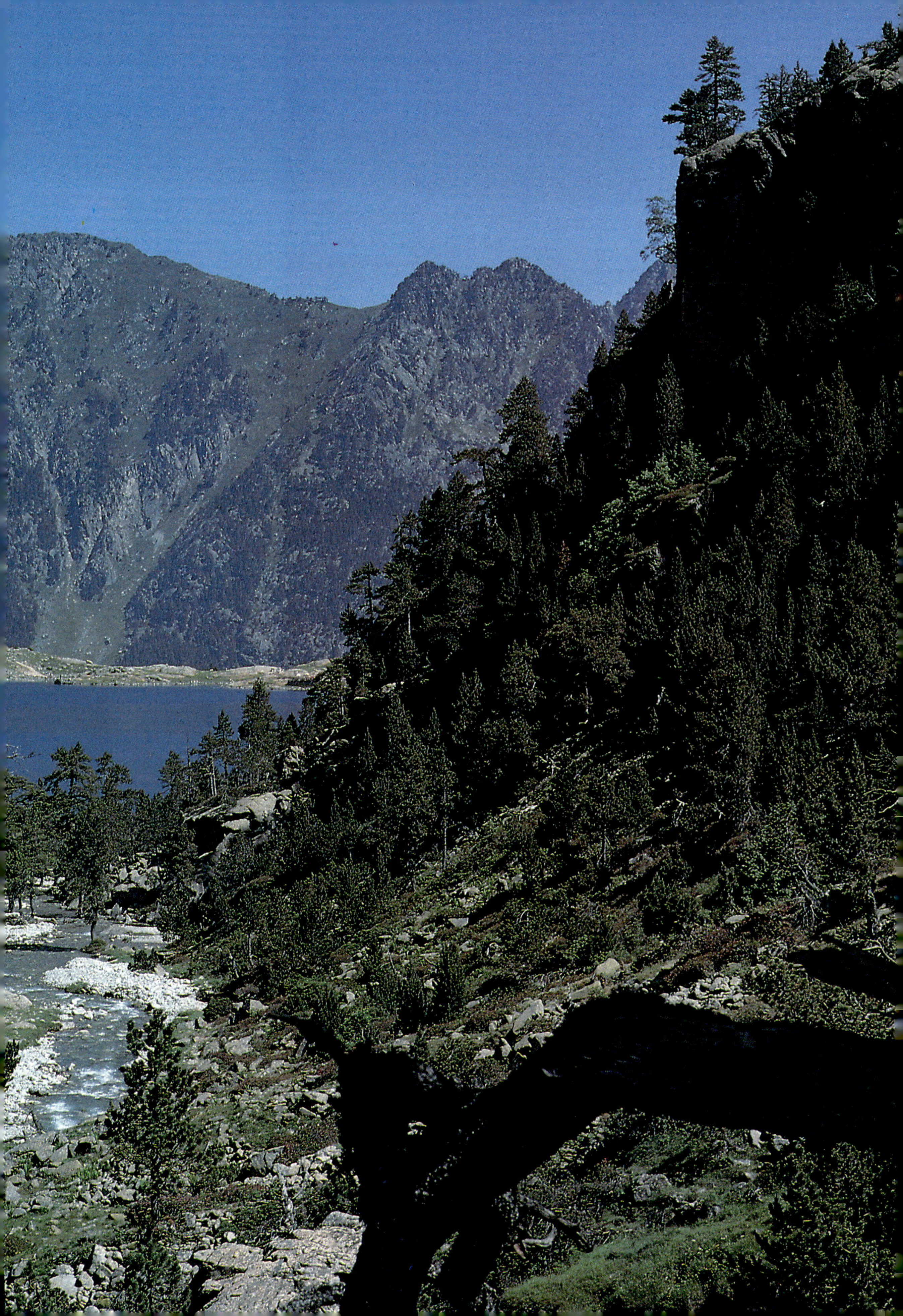

die Pont d'Espagne zu der wir nach einer Waldlichtung gelangen. Das Gebirge verwandelt sich einen blühenden Garten, doch tief in der Schlucht am Fuß der Brücke wird die Natur wieder wild. Beim Zusammenfluß des Gave du Marcadau und Gave de Gaube, dem sich Felsbrocken in den Weg stellen, schießt das Wasser schäumend und rauschend wie ein Regenbogen in die Höhe.

Nach der Pont d'Espagne flußaufwärts gabelt sich das Tal. Ein Weg führt zum Gave de Gaube und dessen See, einem der beliebtesten Anziehungspunkte der Pyrenäen, den man auch mit dem Sessellift erreicht. Der Kontrast zwischen dem Blau des Wassers und dem Grau der Felswände verleiht der Landschaft einen romantischen Charakter, der im Hintergrund durch die faszinierende Pyramide des Vignemale (3300 m) noch verstärkt wird. Der zweite Weg der Gabelung führt den Wanderer durch das Marcadau-Tal, wo freundliche Grasflächen und bewaldete Riegelberge einander abwechseln, zur Wallon-Berghütte. Die Landschaft öffnet sich hier auf mehrere kleine Täler, in denen Seen und Überreste von Schäfereien verstreut liegen. Diese stammen aus der Zeit, als das Marcadau an der Straße nach Spanien lag und noch Weideland war.

Auch das Lutour-Tal beginnt an einem Wasserfall, der mitten in einem grüngemusterten Wald den Abhang hinunterrauscht. Doch gleicht es deshalb nicht unbedingt dem Jer-Tal. Im Gegenteil, es bietet friedliche, von Weideflächen und Wäldern durchzogene Landschaften, in denen man sich geborgen fühlt.

Neben diesen bekannten Orten hält die Gegend noch viele Wanderziele bereit, die mehr oder weniger einfach zu erreichen sind, wie zum Beispiel das Plateau du Cambasque, der See von Ilhéou und der Lys-Talzirkus oder der Forstweg von Péguère (vom Cerisey-Wasserfall aus), der ein schönes Panorama auf Cauterets bietet.

LUZ UND DAS BAREGES-TAL

Das zum Tal und zum Gebirge hin von Schluchten umgebene, einsam liegende Luz-Saint-Sauveur verdankt seinen Namen dem Licht, das das Tal erhellt. Die Stadt bietet sich zu einem Bummel durch die steilen Straßen an, deren Namen die Vergangenheit heraufbeschwören. Doch macht dies nicht ganzen Reiz der Stadt aus, denn sie besitzt eine Wehrkirche (12.-14. Jh.), die von einer polygonalen Ringmauer umgeben ist, und die Burgfestung Sainte-Marie, die den Ort von ihrem Felsvorsprung aus bewacht.

In Luz beginnt das Barèges-Tal, das den seltsamen Beinamen Toy-

Bei der Pont d'Espagne bietet das in Regenbogenfarben schillernde Wasser eines der schönsten Naturschauspiele der Pyrnäen (Foto Patrick Bernière).

Land hat. Es verdankt seine Berühmtheit den Thermalquellen, die im 17. Jahrhundert große Persönlichkeiten von der «Franzosenkrankheit» geheilt haben sollen. Heute ist Barèges ein belebter Wintersportort und im Sommer ein idealer Ausgangspunkt für Ausflüge und Wanderungen.

Folgende Seiten:
Der Vignemale und in der Mitte dessen berühmte «Felsrinne». (Foto Jean Foucher)

Der Wasserfall an der Pont d'Espagne (Foto Jean Foucher).

GAVARNIE UND SEINE «CIRQUES»

Die RN 21 dringt beim Verlassen von Luz in südlicher Richtung in die Saint-Sauveur-Schlucht ein. Von den Felswänden rauschen Wasserfälle ins Tal, deren Kraft ausreicht, um das Elektrizitätswerk von Pragnères zu versorgen. In Gèdre bietet sich ein Halt am Hôtel de la Brèche de Roland an. Es wurde nach der Aussicht benannt, die man auf die berühmte Rolandsbresche und den Talzirkus hat. Berühmte Pyrenäenforscher haben sich in dem Gebäude aufgehalten, dessen Innenausstattung seit dem 18. Jahrhundert unverändert ist.

Die Natur wird zum Regisseur, und das Schauspiel, das sie am Pic Piméné und am Felsenmeer von Coumély in Szene setzt, verspricht großartig zu werden, wie es die Gletscherwände und die Gipfel, die von weitem das Dorf Gavarnie überragen, bereits ankünden.

GAVARNIE, DIE ERHABENHEIT DER NATUR

Die Straße endet in dem kleinen Dorf, dessen Hauptstraße von Hotels und Souvenirläden gesäumt ist. Von hier aus führt ein kleiner Saumpfad, auf dem zur großen Freude der Kinder noch Esel und Maultiere verkehren, zum Talzirkus. Nachdem er den Fluß überquert hat, kommt der Wanderer über ein treppenförmig abfallendes Becken und einige Kurven zu einem letzten Steilhang, von wo aus das von der Natur geschaffene Amphitheater in seiner ganzen Erhabenheit sichtbar wird. Hier sprechen die Zahlen für sich: die Wände, die den Talzirkus umgeben, sind bis zu 1676 m und die Berge, die ihn überragen bis 3000 m hoch (von Ost nach West: Astazou, Marboré und Taillon); 800 m Durch-

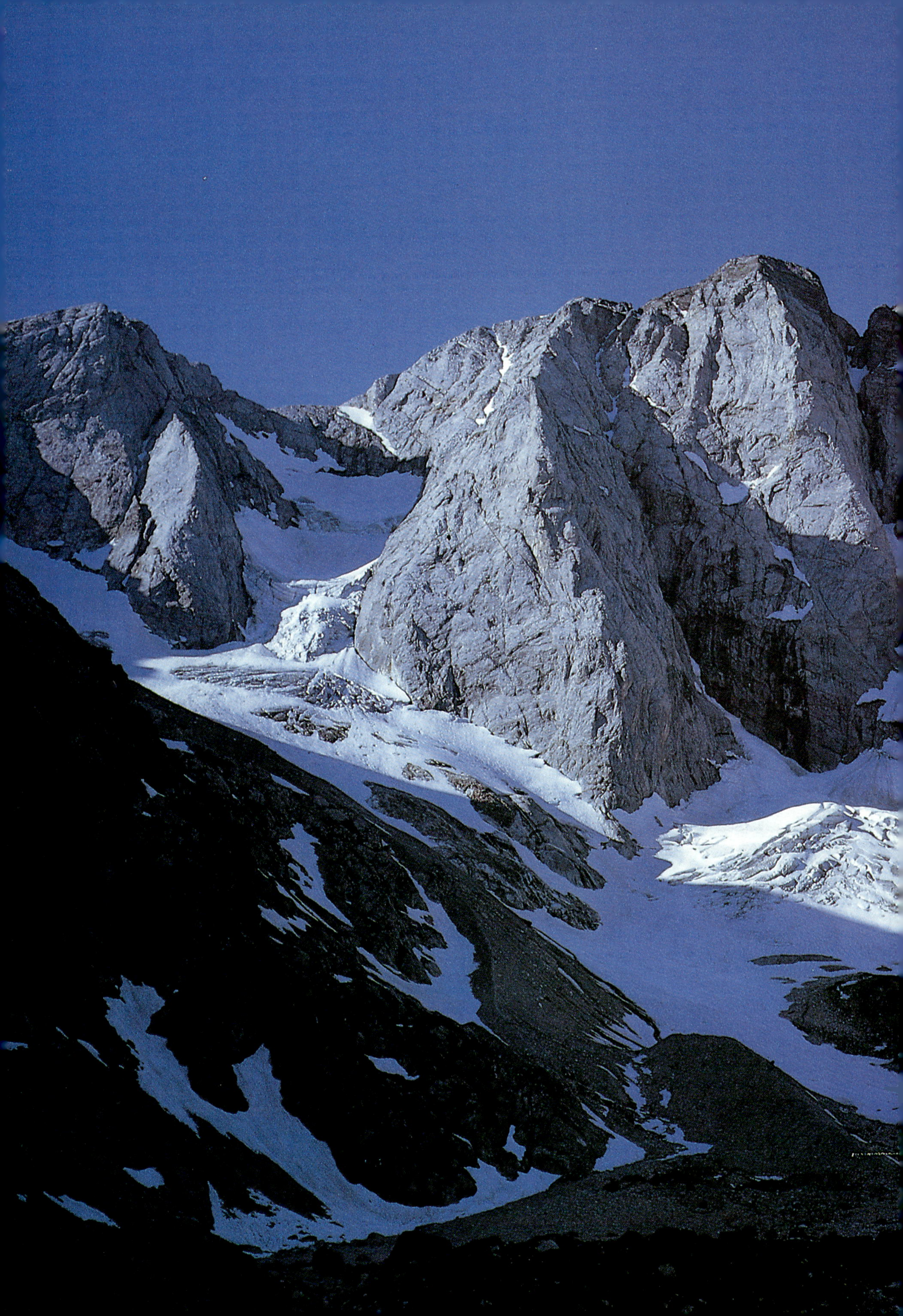

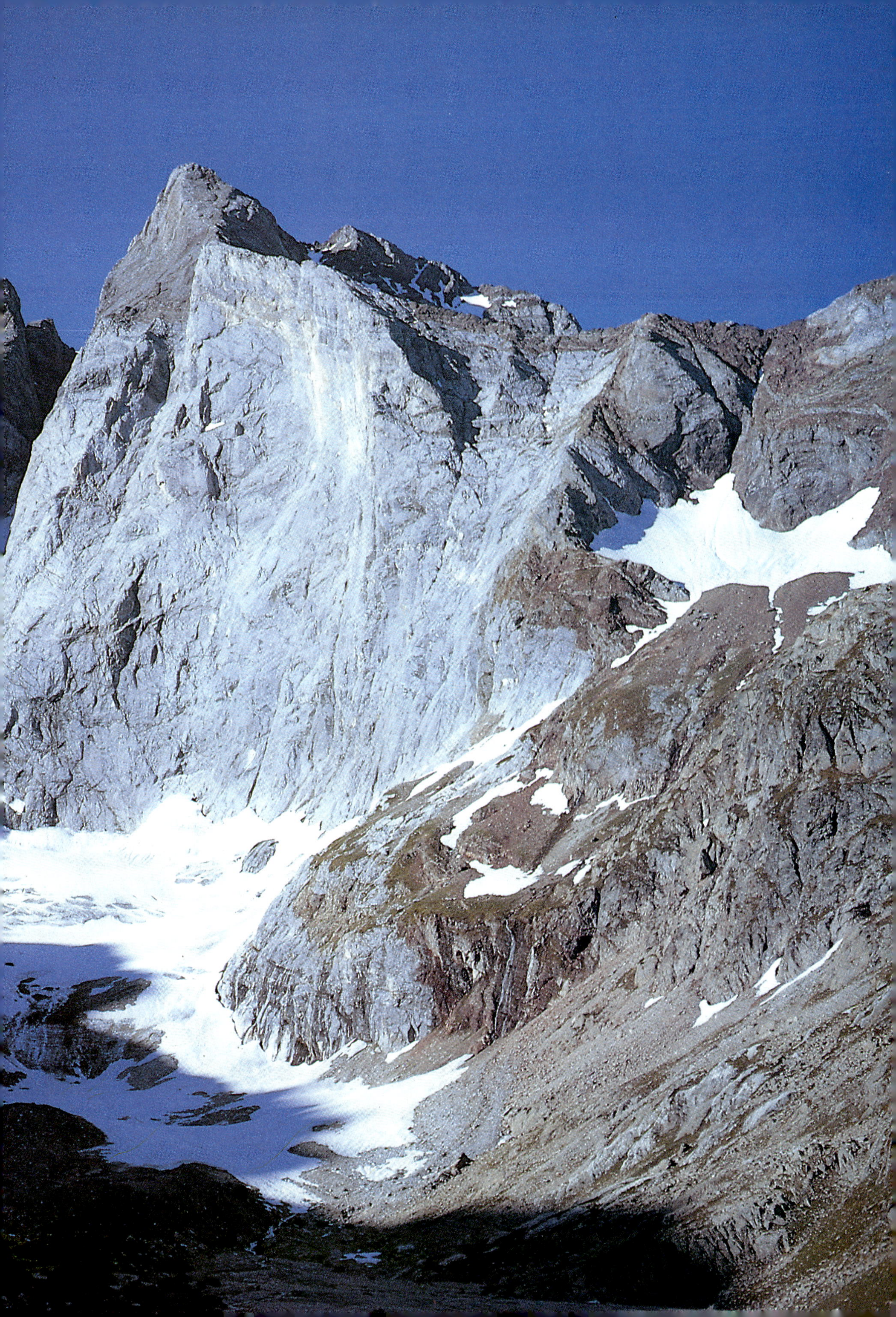

Der eindrucksvolle Wasserfall Le Lutour (bei Cauterets) rauscht von grünen Wäldern umgeben in die Tiefe (Foto Jean Foucher).

messer und 3,5 km Umfang am Boden gegen fast 14 km Umfang am Gipfel. Mehr noch als durch seine Größe beeindruckt Gavarnie durch die Harmonie seiner Architektur. Man versteht die Begeisterung Victor Hugos für diesen Ort: «Gavarnie ist das geheimnisvollste Bauwerk des geheimnisvollsten aller Architekten; es ist das Kollosseum der Natur...!»

Die Natur zeigt sich hier mit solcher Kraft und Erhabenheit, daß man den sich bietenden Anblick kaum beschreiben kann. Eine gigantische, auf drei Ebenen stufenförmig abfallende Mauer erhebt sich vor uns. Die auf diese Weise gebildeten Terrassen sind meist mit Gletschereis oder Firnschnee bedeckt. 13 Wasserfälle beleben das Bild, darunter der 422 Meter hohe Grande Cascade, aus dem der Gave de Pau hervorgeht. «Mousselineschleier» im Sommer, schwillt er im Frühjahr zu einer dichten Wassermasse an, während sich das herabfallende Wasser im Winter in Kristallsäulen verwandelt.

Doch nicht nur der Saumpfad führt an diese grandiose Stätte. Gute Wanderer können, wenn das Wetter es erlaubt, zwei weitere Wege einschlagen. Der eine führt an der Statue Unserer Lieben Frau des Schnees vorbei zum Pic de Mourgat (2101 m), von wo aus sich Gavarnie und die umliegenden Berggipfel aus einem ungewöhnlichen Blickwinkel darbieten. Genauso kann man an der Brioule-Brücke vom gewöhnlichen Weg abbiegen und nach dem botanischen Garten von Gavarnie, in dem die Pflanzenwelt der Pyrenäen auf interessante Weise rekonstruiert ist, den Hangpfad entlanggehen - bei Gewitter sollte man ihn jedoch meiden -, den Aussichtspunkte säumen.

Rechts:
Gavarnie, ein Naturdenkmal von unbeschreiblicher Schönheit (Foto Jacques Jolfre).

Die von einer polygonalen Ringmauer umgebene Wehrkirche von Luz-Saint-Sauveur ist eines der berühmtesten Baudenkmäler der Pyrenäen (Foto Patrick Bernière).

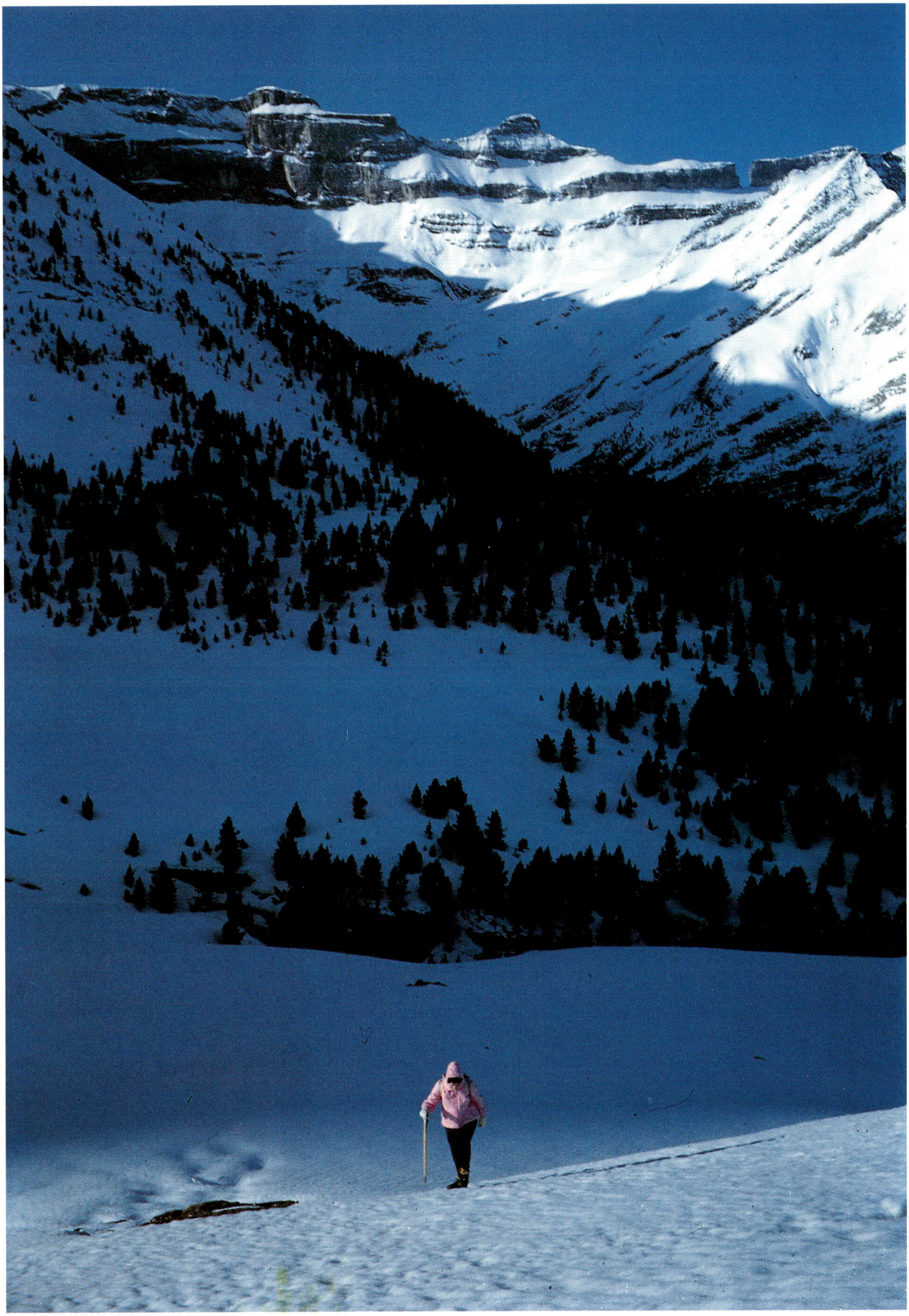

Der Ruf der Rolandsbresche steht dem von Gavarnie in nichts nach (Foto Jacques Jolfre).

DER PIC DE TANTES UND DIE ROLANDSBRESCHE

Viele Touristen machen von Gavarnie aus einen Abstecher zur Rolandsbresche. Obwohl der Weg dorthin keine großen Schwierigkeiten aufweist, sollte man doch gut ausgerüstet und vorsichtig sein. Der Wanderer begibt sich vom Dorf Gavarnie aus zum Tantes-Paß, von wo aus er den gleichnamigen Berg erreicht, der einen herrlichen Blick auf die Umgebung bietet. Etwas weiter in Richtung Grenze mündet die Straße auf den Boucharo-Paß (auch Gavarnie-Paß genannt), von wo aus ein Pfad zur Bresche führt.

TROUMOUSE UND ESTAUBE

Die von ihrem großen Nachbarn in den Schatten gestellten Talkessel Troumouse und Estaubé bieten ein nicht weniger erstaunliches Naturschauspiel. Der Weg dorthin führt über das Tal des Gave de Héas. Troumouse, «am Ende der Welt», beeindruckt durch seine Größe. Man sollte sich den Talkessel aus Stein von der Muttergottesstatue aus ansehen. Der Anblick, der sich uns bietet, sollte uns jedoch nicht davon abhalten, zum Estaubé-Talkessel zu wandern, wenn der Aufstieg auch mühsam ist, um der Kapelle von Héas, die von Lourdes verdrängt wurde, aber lange Zeit ein beliebter Marienwallfahrtsort war, einen kleinen Besuch abzustatten.

DER TOURMALET-PASS UND DER PIC DU MIDI

Die aride Landschaft hoch oben auf dem Tourmalet-Paß, der sich über dem in eine friedliche Weidelandschaft eingebetteten Barèges-Tal erhebt, wird beim Hinunterfahren ins Gripp-Tal und nach La Mongie freundlicher. Sein Beiname «schlechter Weg oder Umweg» kommt von den im Winter zuweilen vom Ostwind entfesselten Schneestürmen. Der Autofahrer, der die breit ausgebauten Serpentinen entlangfährt braucht sie jedoch nicht zu fürchten. Er kann in Ruhe den Ausblick genießen, der bis zum Balaïtous im Westen reicht.

Der Anblick ist jedoch nur ein Auftakt zum Schauspiel, das der Pic du Midi de Bigorre bietet. Der von Wolken umhüllte, 2865 m hohe Berg ist über eine gebührenpflichtige Straße vom Tourmalet-Paß zu erreichen. Der Blick vom Gipfel aus ist so überwältigend, daß «die Heiligen im Himmel Heimweh nach der Erde bekommen», wie der Prenäenkenner Russell so schön sagte. Man braucht denen, die behaupten, das Massif Central und den Mont Blanc gesehen zu haben, nicht unbedingt zu glauben. Der Anblick der Gletscher des Néouvielle-Massivs und der Gipfel, die sich zwischen Baskenland und Ariège erheben, ist für sich allein schon von außergewöhnlicher Schönheit. Doch ist das schönste Belvedere der Pyrenäen gleichzeitig eine Hochburg der Wissenschaft. Seine abgeschie-

82

dene Lage im Norden der Gebirgskette und seine reine Luft machen aus dem Pic du Midi eine ideale Wetter- und Sternenwarte. Um die Jahrhundertwende hat man damit begonnen, den Berg abzugleichen, um ein Observatorium darauf zu errichten, dessen Kuppel heute von der riesigen Antenne des Rundfunk- und Fernsehsenders überragt wird. Wenn seine Zukunft auch in Frage gestellt ist, so zeugt er doch auf ergreifende Weise vom Kampf der Menschen mit den Elementen.

BAGNERES-DE-BIGORRE UND DAS CAMPAN-TAL

Bagnères, die Pforte zum oberen Adour-Tal (Campan-Tal), ist ein Thermalbad, das seine schönen Lindenalleen und Kureinrichtungen im neoklassizistischen Stil unweit eines schattigen Parks bewahrt hat. Es besitzt auch schöne Pyrenäenhäuser mit schmaler, marmorgeschmückter Fassade. Die Hauptsehenswürdigkeiten der Stadt sind jedoch die Kirche Saint-Vincent (15.-16. Jh.) und der Tour des Jacobins, ein Überrest eines ehemaligen Klosters.

Flußaufwärts nach Bagnères enthüllt das Tal nicht auf Anhieb seine eigentliche Persönlichkeit. Diese zeigt sich erst in Baudéan, wo der Kontrast zwischen dem linken Ufer, das bis Sainte-Marie-de-Campan von einer steilen, abweisenden Felswand überragt wird, und dem rechten Ufer, das von grünen Hängen bedeckt ist, offenbar wird. Die saftigen Weiden und verstreut liegenden alten Hütten, deren Giebel früher Strohdächer stützten, verleihen dieser Uferseite einen ländlichen Charakter, der ihren Reiz ausmacht.

Das aus schwindelerregender Höhe ein grandioses Panorama überragende Observatorium des Pic du Midi bietet einen futuristischen Anblick (Foto Jacques Jolfre).

Das vom Pic du Midi und vom Montaigu überragte Thermalbad Bagnères-de-Bigorre ist im Sommer wie im Winter ein beliebtes Ferienziel (Foto Jacques Jolfre).

Der Pic du Midi ist auch bei Drachenfliegern sehr beliebt (Foto Jacques Jolfre).

Das Campan-Tal (Foto Jacques Jolfre).

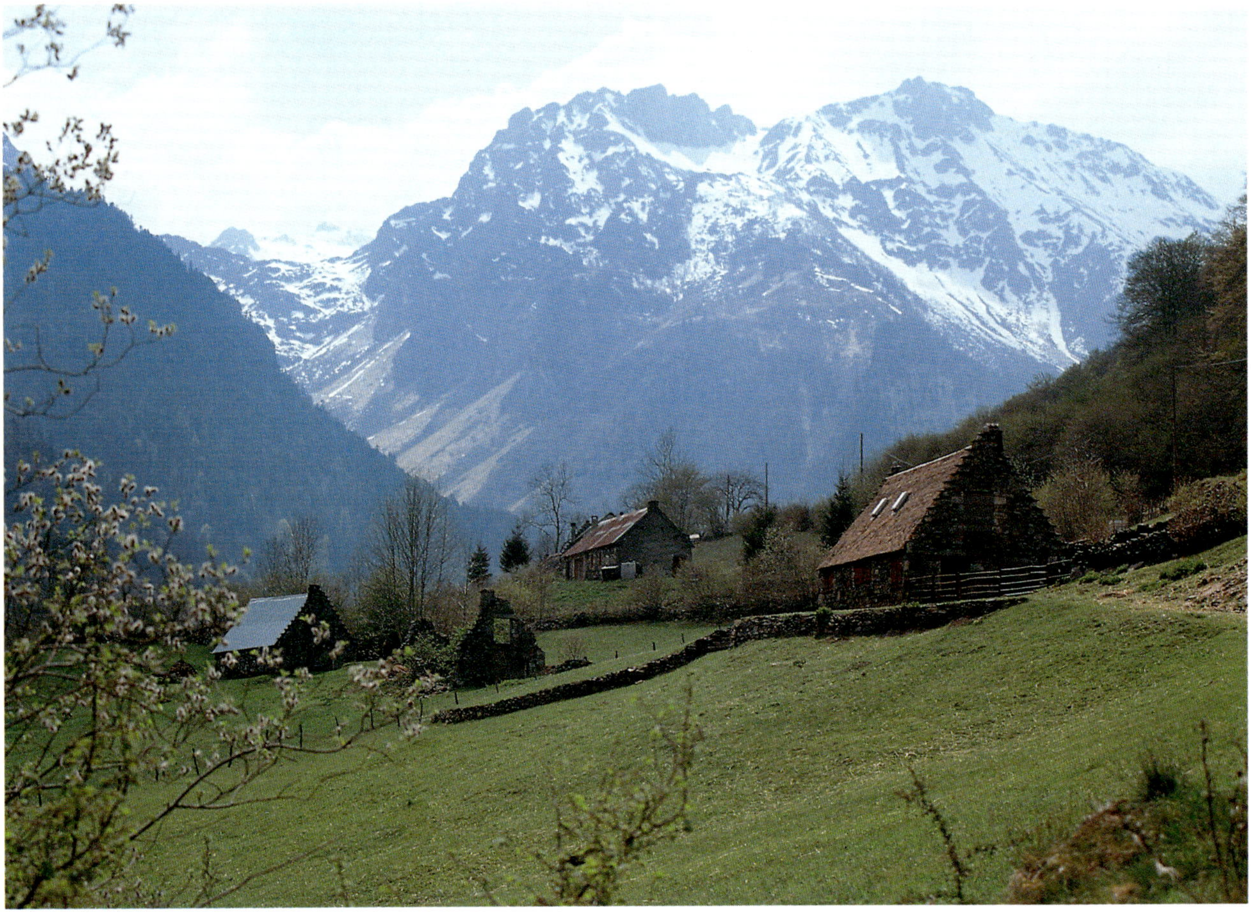

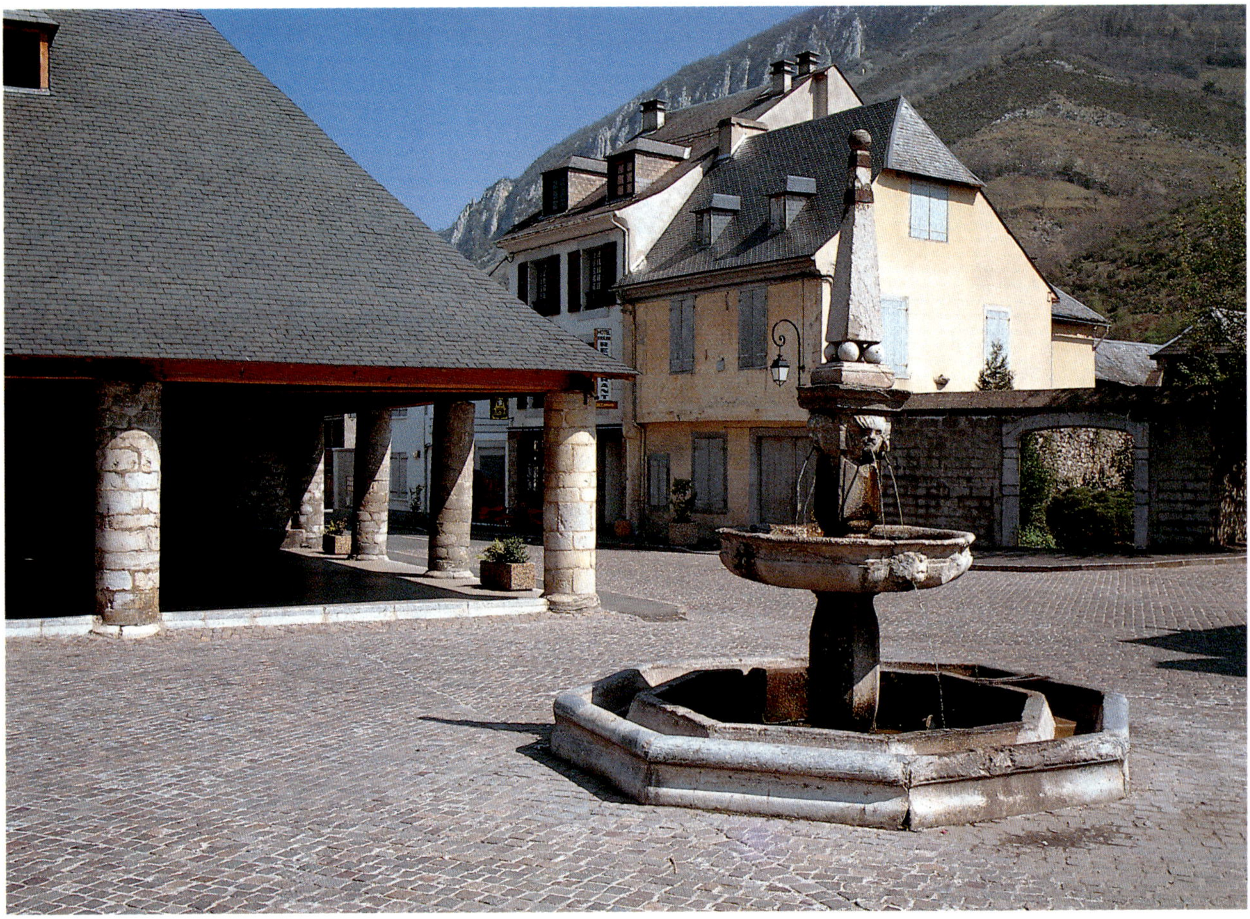

Der Lac des Grésiolles (südlich von La Mongie). (Foto Jacques Jolfre).

Auf dem Weg zwischen Bagnères und Baudéan sollten archäologisch Interessierte bei den Grottes de Médous Halt machen, wo sie schöne Stalagmiten und Stalaktiten bewundern und eine Bootsfahrt machen können. Diese endet im Schloßpark, der seltene Baumarten beheimatet.

Es lohnt sich auch ein kleiner Abstecher ins Lesponne-Tal, das sich am Fuß der bewaldeten Bergkuppen dahinschlängelt und schöne Aussichtspunkte auf den Pic du Midi (im Süden) und den Montaigu (im Norden) bietet. Es führt (im Norden über einen Waldweg) in die Esquiou-Ebene, von wo aus man einen schönen Blick auf das Campan-Tal genießt, oder (nach Chiroulet weiter zu Fuß) bis zum Lac Bleu hinauf.

Nach Campan, dessen Kirche (16.-17. Jh.) und schöne Fachwerkhäuser Beachtung verdienen, schlängelt sich die Straße zwischen Häusern hindurch inmitten einer schönen Landschaft bis nach Sainte-Marie-de-Campan, wo die Gebirgsbäche Adour de Grippe und Adour de Payolle zusammenfließen.

LA MONGIE UND DAS GRIPP-TAL

Das Tal gabelt sich in zwei verschiedene Richtungen. Eine Straße führt durch das Gripp-Tal zum Tourmalet-Paß. Vom Tal aus, das Wasserfälle säumen, hat man einen schönen Blick auf den Pic du Midi. Besonders eindrucksvoll ist der Wasserfall von Garet, der aus dem Wald hervorsprudelt und die steilen Wände des Tourmalet hinunterstürzt. Hier liegt La Mongie, der bekannte Wintersportplatz, wo 1986 die Weltmeisterschaften im ... Skiabfahrtslauf stattfanden.

DER ASPIN-PASS

Die zweite Straße der Gabelung führt nach Aspin am Marmorsteinbruch von Espadient, dessen Marmor (rot geäderter grüner Marmor) beim Bau berühmter Monumente verwendet wurde (u.a. Trianon in Ile de France), und an Payolle vorbei, einem kleinen See und Touristenort, dessen Architektur sich gut in die Landschaft einfügt. Alljährlich mühen sich die Radfahrer der Tour de France auf dieser Straße ab, an der angenehme Tannenwälder und Weideland einander ablösen. Um dieses friedliche Waldmassiv stritten sich die Täler Campan und Aure lange Zeit hartnäckig. Der Konflikt endete in einem Duell. Campan wählte einen Riesen zur Verteidigung seiner Rechte und Aure einen kleinen schlauen Mann, der dank seiner List als Sieger hervorging.

Links : In dem kleinen Gebirgstal Lesponne wie auch im Campan-Tal stehen noch zahlreiche Hütten, deren typische Giebel früher Strohdächer rugen (Foto Jacques Jolfre).

Links:
Die Markthalle (16. Jh.) und der Brunnen (18. Jh.) gehören zu den Hauptsehenswürdigkeiten von Campan (Foto Jacques Jolfre).

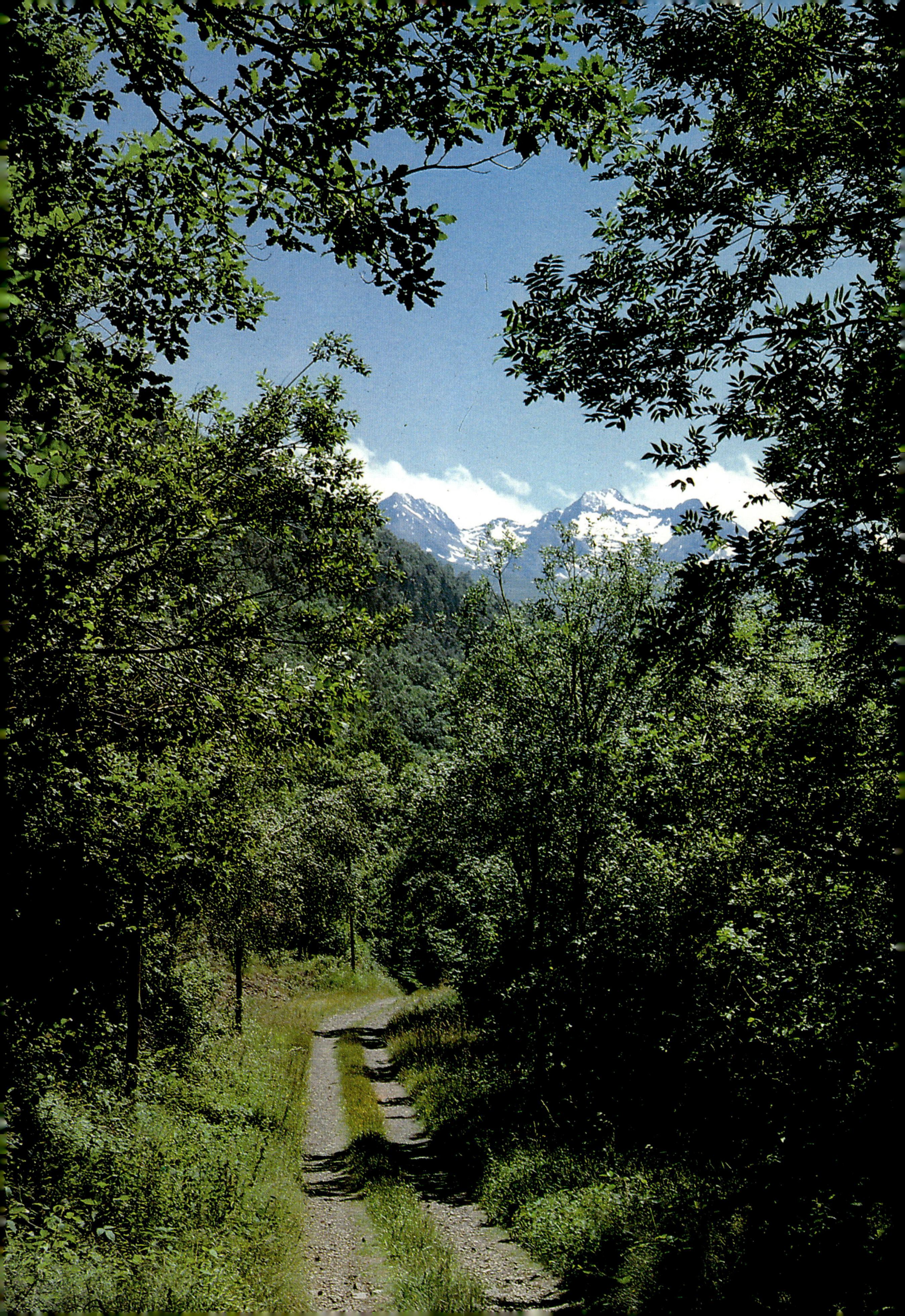

Die Pyrenäen der Nestes und der Garonne

Die Zentralpyrenäen erstrecken sich auf dem Gebiet der Departements Hautes-Pyrénées und Haute-Garonne. Zwei parallel zueinander verlaufende Täler, die auch ihren eiszeitlichen Ursprung gemeinsam haben, durchziehen diesen Gebirgsteil. Beide waren einmal das Zentrum einer historischen Landschaft: das Luchon-Tal beherrschte das Gebiet Comminges und das Aure-Tal das Pays des Quatre Vallées (Land der vier Täler).

Das Pays des Quatre Vallées, das sich aus den Tälern Aure, Barousse, Haute Neste und Magnoac zusammensetzt, stand unter dreifacher Kontrolle (Bigorre, Comminges und Aragonien), wodurch es seine Autonomie bewahren konnte.

Nur ein Teil von Comminges gehört zu Frankreich, denn das zur ehemaligen Grafschaft gehörende Aran-Tal wurde Spanien angeschlossen. Das Gebiet, das sich zu gleichen Teilen im Gebirge und im Flachland erstreckt, war schon sehr früh besiedelt, insbesondere im Pyrenäenvorland, das zahlreiche Höhlen besitzt. Die Römerzeit und das Mittelalter hinterließen besonders viele Spuren, wie wir es am Beispiel der Villa von Montmaurin und Saint-Bertrand sehen (siehe Rundfahrt durch das Pyrenäenvorland).

DAS AURE-TAL

Jedes Pyrenäental hat seinen Lieblingsberg. Im Aure-Tal ist es zweifellos der Arbizon (2381 m), den der Fluß in einer weiten, harmonisch trassierten Schleife umfließt, bevor er zwischen kontrastreichen Landschaften tief in das Gebirge eindringt. Freundliche Talmulden, in herrlichem Grün erstrahlende, von Tannen durchzogene Buchenwälder und Hochtäler wechseln einander ab.

Sarrancolin, das eine interessante Kirche (12. Jh.) besitzt, ist wegen seines rot geäderten Marmors berühmt. Hauptstadt des Pays des Quatre Vallées war früher Arreau. Seine einstige Macht kommt in der malerischen, vom Rathaus überragten Markthalle und in den Fachwerkhäusern zum Ausdruck. Das berühmteste ist das Maison des Lys, das zwei vorkragende Stockwerke schmücken. Durch seine Lage am Zusammenfluß der Gebirgsflüsse Aure und Louron zwischen Aure-Tal und Paßstraße ist Arreau ein idealer Ausgangspunkt für Ausflüge in die Umgebung.

Talaufwärts kommt man nach Ancizan, dessen schöne Renaissance-Häuser von der einst florierenden Tuchindustrie des Ortes zeugen. Vom Dorf aus führt eine schöne Straße durch den Wald über den Horuquette-Paß, von dem aus man einen schönen Blick auf den Arbizon hat, ins Campan-Tal. 3 Kilometer von hier liegt der Ort *An Mille* (Jahr Tausend), ein eigens als Dekor für einen Fernsehfilm nach dem Roman von Georges Duby getreu rekonstruiertes mittelalterliches Dorf.

Über Vielle-Aure (schöne Häuser aus dem 16.- 18. Jh.) kommt man nach Saint-Lary. Der Heimatort Isabelle Mirs war lange Zeit ein bescheidenes Hirten- und Bauerndorf bis es in den 50er und 60er Jahren zu einem der bedeutendsten Skiorte der Pyrenäen heranwuchs. Wenn auch das Dorfzentrum und das Herrenhaus ihr typisches Gepräge bewahren konnten, zeugen die savoyisch anmutenden Chalets vom Baustil, der gegen Ende der 60er Jahre in Mode war. Die Sporteinrichtungen befinden sich oberhalb des Ortes in Pla d'Adet, von wo aus sich dem Wanderer im Sommer ein herrliches Panorama bietet.

Die Umgebung von Arreau bietet friedliche, beschauliche Landschaften. (Foto Jean Foucher).

Der Aspin-Paß, der die Täler von Campan und Aure voneinander trennt, bietet einen weiten Rundblick auf den Arbizon, dessen schneebedeckte Silhouette sich in der Ferne abzeichnet (Foto Jacques Jolfre).

SAINT-LARY

Nach Saint-Lary wird das Tal enger und die Straße steigt an. Tramezaigues, das von einem alten Donjon bewacht wird, liegt am Eingang zum Rioumajou-Tal, dessen Tannenwälder einen wohlverdienten Ruf genießen. Nach Fabian bieten sich zwei Möglichkeiten an; rechts die Straße der Seen von Néouvielle einschlagen, die nach Piau Engaly, einem Wintersportort in beeindruckender Lage führt oder durch das Tal über Aragnouet, das eine schöne romanische Templerkapelle besitzt, zum Bielsa-Tunnel fahren.

DER BIELSA-TUNNEL UND DAS CINCA-TAL

Seit der Eröffnung des Bielsa-Tunnels kann jetzt neben dem Aure-Tal auch das Cinca-Tal besichtigt werden. Das von den Gebieten Pinède, Escuain und Vellos umgebene Tal bietet eine Vielfalt an majestätischen Landschaften, deren Kalkgestein dem der Rocky Montains ähnelt. Das am Ausgang des Tales gelegene Städtchen Aïnsa, das von den hohen Felswänden der Pena Montanesa überragt wird, ist Ausgangspunkt für schöne Ausflüge in die Bergwelt Aragoniens. Doch sollte man zuvor den arkadengeschmückten Platz und die romanische Kirche (12. Jh.) der Stadt besichtigen und dabei bedenken, daß Aïnsa ein wichtiger Schauplatz des Kampfes gegen die Mauren war: 726 schlugen hier die von Inigo Arista angeführten baskischen Truppen, denen ein brennendes Kreuz am Himmel erschienen war, die Sarazenen.

DER NEOUVIELLE

Das Neouvielle-Massiv, ein mächtiger, 3091 Meter hoher Granitblock, gehört neben Gavarnie und den Ayous-Seen zu den Hauptsehenswürdigkeiten der Pyrenäen. Er ist einer der wenigen Orte, an denen man die enge Beziehung zwischen allen Wesen, die das Ökosystem ausmachen, spüren kann. Dank der intensiven Sonneneinstrahlung ist Leben auch in höchster Höhe noch möglich, Das Massiv beheimatet zahlreiche endemische Tier- und Pflanzenarten, die seit 1935 - in diesem Jahr wurde auch das Naturschutzgebiet gegründet - unter Naturschutz stehen und den Wissenschaftler wie den einfachen Wanderer interessieren.

Wie viele Städte der Südpyrenäen besitzt auch Arreau, die ehemalige Hauptstadt des Pays des Quatre Vallées (Land der vier Täler), eine schöne Markthalle (Foto Jacques Jolfre).

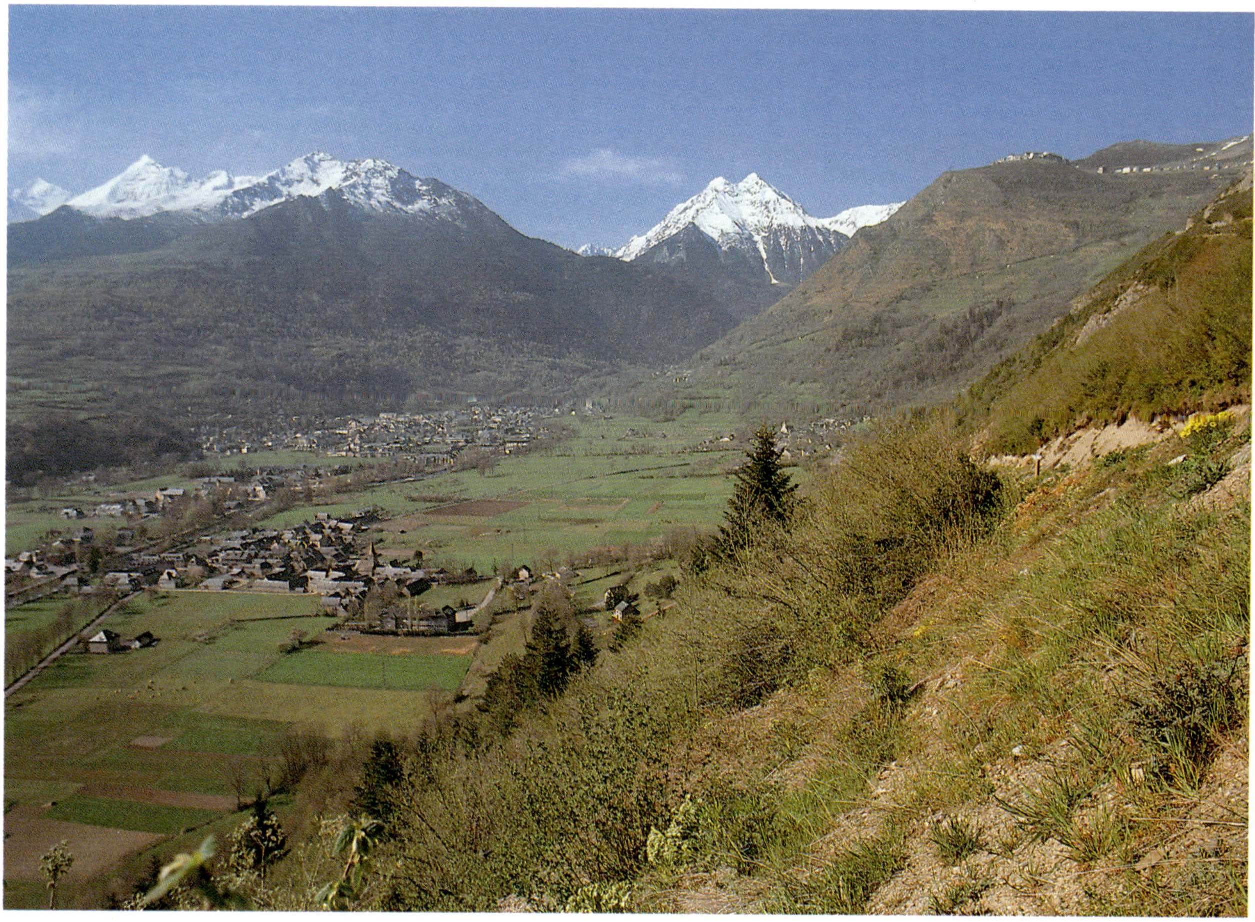

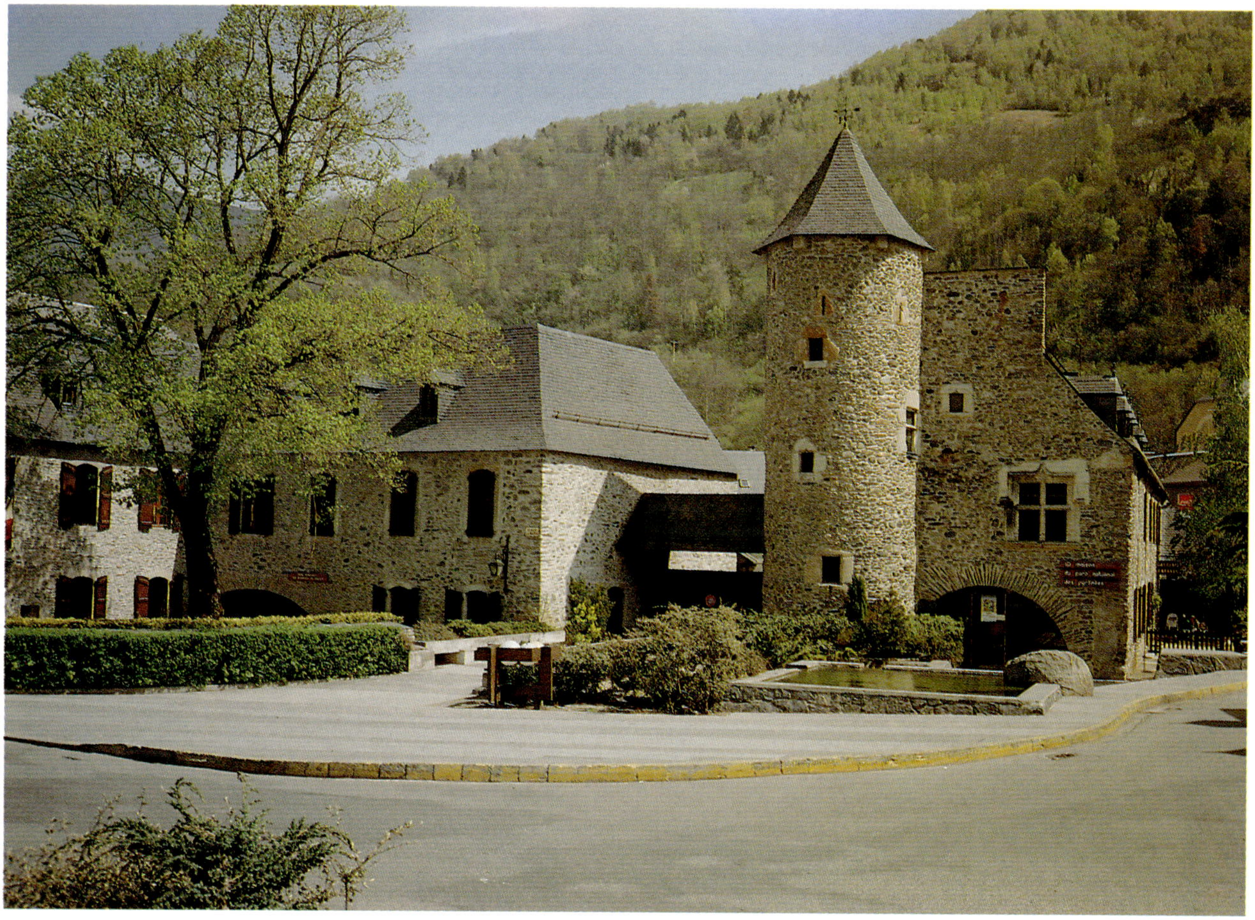

Nennenswert sind insbesondere im Wasser lebende Arten wie der Grasfrosch, der mit Schwimmfüssen ausgestattete Molch, der Pyrenäen-Gebirgsmolch oder die Geburtshelferkröte, die ein hervorragendes Beispiel der Anpassungsfähigkeit liefert, denn gewöhnlich wohnt sie in der Ebene.

Die Landschaften um den Néouvielle haben zu jeder Jahreszeit, doch insbesondere im Frühsommer, wenn die Alpenrosen blaßlila blühen, etwas Grandioses an sich. Zahlreiche Seen heitern das Bild noch auf. Als erster zeigt sich dem Besucher der Orédon-See, der zwischen Berghängen eingebettet ist. Seine Pflanzenwelt ist besonders reich, und sein klares Wasser wirft das Spiegelbild der Kiefern und der strahlenden Helle des Himmels zurück. Weiter oben erstrecken sich weitere Seen. Auf der einen Seite der Stausee von Cap-de-Long und auf der anderen Seite die Seen Aumar und Aubert. Der Weg dorthin führt durch einen Hakenkiefernwald mit dem Beinamen Les Passades d'Aumar.

PEYRESOURDE UND LE LOURON

Von Arreau aus führt die Route des Pyrénées am Louron entlang und steigt dann zum Peyresourde-Paß hin an. Unterwegs sollte man sich Zeit nehmen, und das Louron-Tal eingehend genießen.

Das zwischen dem Aure-Tal und dem Peyresourde-Paß versteckt liegende, lange Zeit unbekannte kleine Tal ist von hohen Gipfeln umgeben. Früher kamen nur Kenner in das Tal, angezogen von der unberührten Landschaft, den ursprünglichen Dörfern wie Loudenvielle und Mont, und den romanischen Kirchen. Doch wurde das Tal inzwischen mit der Erschließung eines Sees und der Einrichtung des Ferienzentrums Val Louron dem Fremdenverkehr geöffnet. Die den See überragende Burg gibt dem Louron-Tal den Anschein eines Operettendekors. Auch bei den Drachenfliegern ist es sehr beliebt, die hier ein Panorama von seltener Schönheit vorfinden.

Die grünen Hänge um den von Dörfern umrahmten Peyresourde-Paß (1563 m) erinnern eher an eine ländliche Gegend als an eine Gebirgslandschaft.

Folgende Seiten:
Das Néouvielle-Gebirgsmassiv und seine Seen, seit 1935 Naturschutzgebiet, beheimaten eine große Vielfalt von Tier- und Pflanzenarten (Foto Jacques Jolfre).

Die Templerkirche in Aragnouet (Foto Jacques Jolfre).

Links:
Das Saint-Lary-Tal und der gleichnamige Ferienort (Foto Jacques Jolfre).

Das Herrenhaus im Herzen der Sportstation Saint-Lary (Foto Jacques Jolfre).

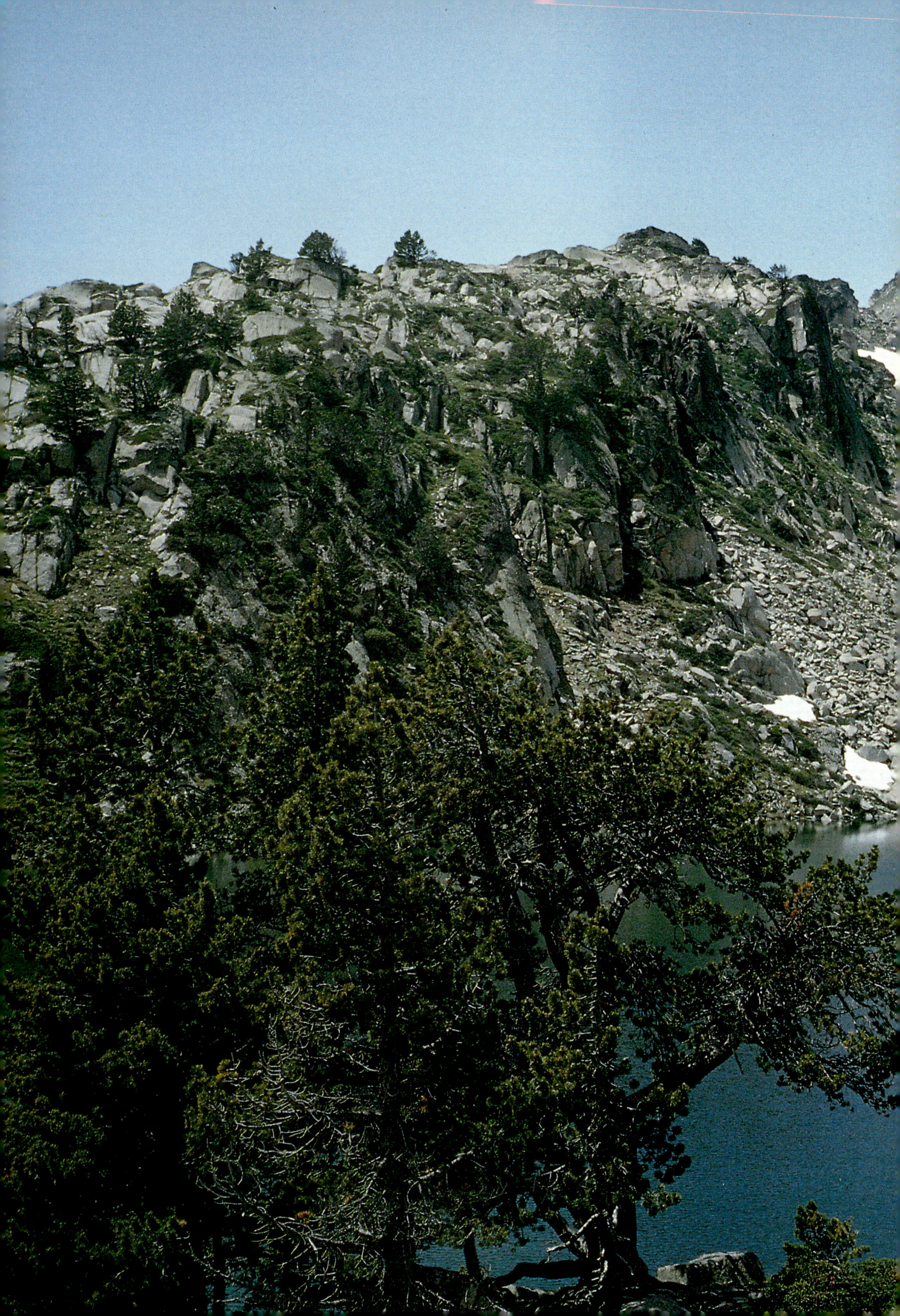

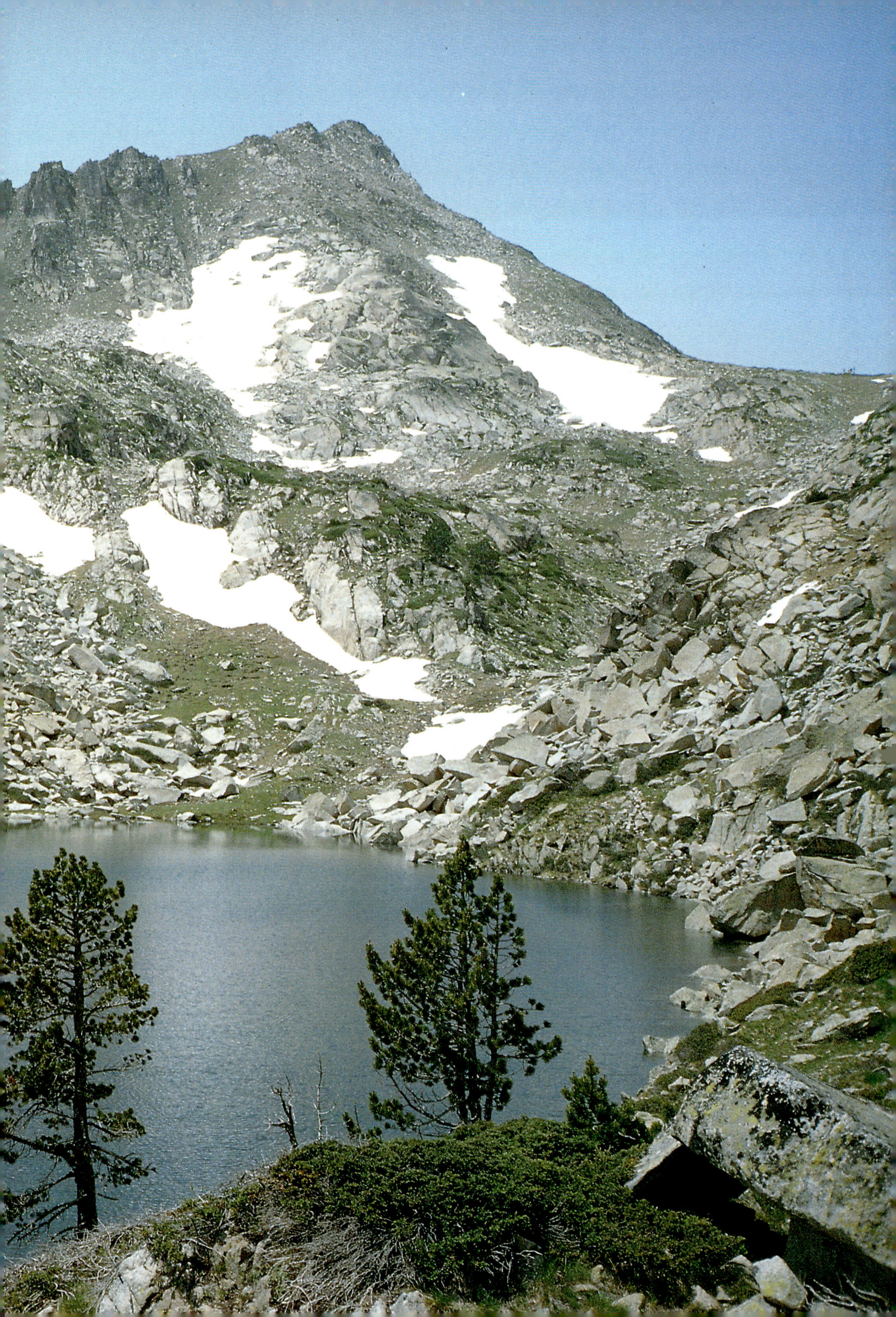

Die schattige Promenade der Allées d'Etigny in Luchon stammt aus der Zeit als die Thermalbäder in den Pyrenäen in Mode kamen (Foto Jacques Jolfre).

Das tief in ein Tal eingebettete Hospice de France am Fuß des Venasque-Passes scheint am Ende der Welt zu liegen. (Foto Jacques Jolfre)

Die Straße vom Paß nach Luchon hinunter führt über Larboust am Osthang des Passes. Diese Gegend ist besonders reich an romanischen Kirchen, denn jedes Dorf besitzt eine. Besonders bemerkenswert ist die Kirche von Saint-Aventin (11. - 12. Jh.), die aus hundert Meter Höhe herabblickt.

LUCHON UND SEIN TAL

Bagnères-de-Luchon liegt im Herzen der Gebirgskette friedlich eingebettet in ein breites, von hohen Bergen umgebenes Tal. Dahinter erheben sich auf spanischer Seite die Monts de la Maladeta, die vom Pico de Aneto, der höchsten Erhebung der Pyrenäen mit 3404 Metern, beherrscht werden. Der schon zur Zeit der Römer wegen seiner «ausgezeichneten Heilquellen» von Strabon gerühmte Ort war lange Zeit in Vergessenheit geraten, bis er mit den in Mode kommenden Thermalbädern wieder auflebte und in neuer Schönheit erglänzte. Davon zeugt heute noch die Allées d'Etigny, eine schattige Promenade, die zum Parc des Quinconces und zum Kurhaus führt und von Boutiquen, Cafés und alten Hotels gesäumt ist. Hier führten im Zweiten Kaiserreich mondäne Persönlichkeiten und Berühmtheiten des europäischen Adels ein prunkvolles Leben. Das Museum des Alten Luchon und die Altstadt, deren Gassen und kleine Häuser eng gedrängt den Marktplatz umgeben, zeugen dagegen von einer weiter zurück liegenden, typisch pyrenäischen Vergangenheit.

Die Kurstadt Luchon bietet auch vielerlei Sportmöglichkeiten. Im Sommer kommen zahlreiche Wanderer, um die Schönheit der umliegenden Berge zu genießen. Im Winter ist Luchon Drehscheibe für mehrere Skiorte (Les Agudes, Superbagnères, Bourg d'Oueil...).

Das im Westen der Stadt liegende Superbagnères ist nicht nur ein Skiparadies, es bietet seinen Besuchern auch ein sehr schönes Panorama auf das Luchonnais und La Maladeta (Orientierungstafel). Am Fuß des Ortes laufen die Gebirgsbäche und die blumenreichen Weiden des Tals von Lys in einem der schönsten Was-

Die enge Rue de l'Enfer (Höllenstraße) am Ausgang des Lys-Tales (Lawinen-Tal) trägt ihren Namen zu Recht (Foto Jacques Jolfre).

Der von schneebedeckten Gipfeln umrahmte Lac d'Oô ist ein beliebtes Ausflugsziel von Luchon aus (im Hintergrund der Pic du Quayrat). (Foto Jacques Jolfre).

serfälle zusammen, dem Gouffre de l'Enfer (Höllenschlund).

Im Süden von Luchon entdeckt der Tourist im Pique-Tal eine Landschaft, in der Wiesen und Buchenwälder einander abwechseln. Um das Forsthaus von Jouéu hat die Universität von Toulouse ein Arboretum angelegt, wo in natürlicher Umgebung Baumarten aus der ganzen Welt nebeneinander leben. Schließlich kommen wir zum Hospice de France, einer für Pyrenäentäler typischen Herberge. Von hier aus führt ein Pfad zum Venasque-Paß, von dem aus man einen bemerkenswert schönen Rundblick auf das Maladeta-Massiv hat.

DER LAC D'OO

Westlich von Luchon erstreckt sich an Larboust angrenzend das OôTal und führt (zu fuß) zum gleichnamigen See. Der zwischen hohen Steilwänden eingebettete See ist für seine landschaftliche Schönheit und seinen Wasserfall berühmt, der mit 273 m der zweithöchste der Pyrenäen ist. Der Wanderpfad führt um den See herum und steigt dann zum oberhalb verlaufenden Espingo-Pfad hin an.

DAS ARAN-TAL UND DER NATIONALPARK AIGUES-TORTES

Von Luchon gelangt man entweder über den Portillon-Paß oder über Saint-Béat ins Aran-Tal. Saint-Béat, das den Beinamen «Schlüssel zu Frankreich» trägt, konnte von seiner ehemaligen Zitadelle nur den Donjon erhalten. Doch ist der Ort, der sich in einem engen Tal am Fuß des Pic du Gard erstreckt, immer noch voller Würde. Die arkadengeschmückten Häuser spiegeln sich in der Garonne, die beim Überschreiten der Grenze an der Brücke Pont du Roi breiter wird.

Der Lac d'Espingo liegt oberhalb des Lac d'Oô (Foto Jacques Jolfre).

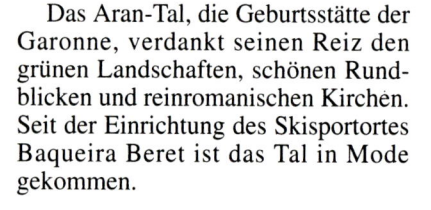

Der bescheidene Gebirgsbach in den Monts Maudits dringt in das «Trou du Toro» ein und wird, wenn er wieder zu Tage tritt, zur Garonne (Foto Jacques Jolfre).

Das Aran-Tal, die Geburtsstätte der Garonne, verdankt seinen Reiz den grünen Landschaften, schönen Rundblicken und reinromanischen Kirchen. Seit der Einrichtung des Skisportortes Baqueira Beret ist das Tal in Mode gekommen.

Beim Verlassen des Aran-Tals über den Bonaigua-Paß gelangt man zum Nationalpark Aigües Tortes (wörtlich «gewundene Wasser»). Der am Fuß der Sierra des Encantats gelegene Park bietet eine Vielfalt von Landschaften und schöne, eiszeitliche Seen, wie zum Beispiel den Sant Mauricio, den Wiesen, Kiefern und Alpenrosensträucher umgeben.

Saint-Béat am Garonne-Ufer war ein bei den Romantikern besonders beliebter Ort (Foto Jacques Jolfre).

Die geheimnisvollen Täler des Couserans

Die Eigentümlichkeit der sich fächerförmig um das Flüßchen Salat erstreckenden 18 Täler des Couserans beruht darin, daß sie nur wenige Spuren der eiszeitlichen Vergletscherung aufweisen. Die Oberflächengestalt ist hier nicht wie andernots in den Pyrenäen von breiten Trogtälern, sondern von engen Schluchten geprägt. Diese waren der Kommunikation abträglich, sodaß der wilde Charakter erhalten blieb, der durch die große, die Gegend bedeckende Waldfläche noch verstärkt wird. Die Wälder blieben dank ihrer Entfernung von der Küste von den Aufträgen der Marine verschont, und die Eichen und Buchen wurden nicht systematisch den Anbauflächen und dem Weideland geopfert. Sogar die weniger beliebten Tannen sind in den höher gelegenen Kantonen noch sehr zahlreich.

Die Tier- und Pflanzenwelt der Täler ist auch heute noch von besonders großem Reichtum. Hier leben Auerhühner, Geier, Gemsen, Wildkatzen und der berühmte Pyrenäen-Desman. Bis ins 20. Jahrhundert war das Couserans die Heimat der Bärenführer. Die leicht zu dressierenden Sohlengänger wurden in vielen Häusern gehalten, wo sie im Stall lebten. Manche von ihnen wurden von Gauklern an einer Leine und einem Ring in der Nase von Ort zu Ort geführt und auf dem Dorfplatz öffentlich vorgezeigt, wobei sie auf Befehl Tanzschritte ausführen mußten. Die Bewohner von Ercé hatten sich sogar auf die Bärenzucht spezialisiert, indem sie Bärenkinder im Wald entführten. Bei der Trennung von Kirche und Staat und der damit verbundenen Inventarisierung des Kirchenvermögens wurden die Bären benutzt, um die berittenen Gendarmen und Kavalleristen in die Flucht zu schlagen. Die Waffe erwies sich als außerordentlich wirksam, denn der Geruch der Raubtiere rief eine unbeschreibliche Panik bei den Pferden hervor.

Die Bevölkerung des Couserans, die seit Generationen an ihrem Recht auf Freiheit festhält, war auch im Mittelpunkt des «Guerre des Demoiselles» (wörtlich: Fräuleinkrieg), eines weit um sich greifenden Volksaufstandes, der die Pyrenäen in der Zeit der Restauration erschütterte.

SAINT-GIRONS UND SAINT-LIZIER

Saint-Girons, Unterpräfektur und Pforte zum Couserans, verdankt seinen Charme dem Flüßchen Salat, in dem sich wie vielerorts in den Pyrenäen die mit Galerien geschmückten Häuser der Stadt spiegeln und das hier zudem an der schattigen Allée des Champ de Mars entlangfließt. Gegenüber erhebt sich das Renaissance-Schloß der Vizegrafen von Couserans, dessen befestigte Türme heute einen friedlichen Justizpalast bewachen. Saint-Girons besitzt zwei Kirchen: die eine zeichnet sich durch ihre mit Kreuzblumen geschmückte Turmspitze aus und die andere ist wegen ihres romanischen Portals und ihrer zinnenbewehrten Mauer bemerkenswert. Liebhaber sakraler Baukunst interessieren sich jedoch eher für das 2 km nördlich liegende Saint-Lizier. Die auf einem steil abfallenden Felsvorsprung erbaute ehemalige Hauptstadt des Couserans besitzt neben steilen gewundenen Gassen eine Kathedrale (12.-16. Jh.), deren Hauptreichtümer die Fresken im Innern (12. Jh.) und der Kreuzgang (12. Jh.) sind. Das ausgesprochen schöne romanische Bauwerk ist von einer Dachgalerie aus dem 16. Jh. überragt. In der südlichen Umgebung von Saint-Girons lädt das unterirdische Labor von Moulis (Gemeinde Luzenac) ein, das Leben unter der Erde zu entdecken. Das Labor, das sich ursprünglich nur mit dem Studium von höhlenbewohnenden Insekten befaßte, hat sein Forschungsgebiet inzwischen auf die Höhlenforschung, den Schutz der Felszeichnungen und die Geophysik ausgedehnt.

Unter dem Wolkenmeer, das die Gipfel umhüllt, liegen die Täler (Foto Jean Foucher).

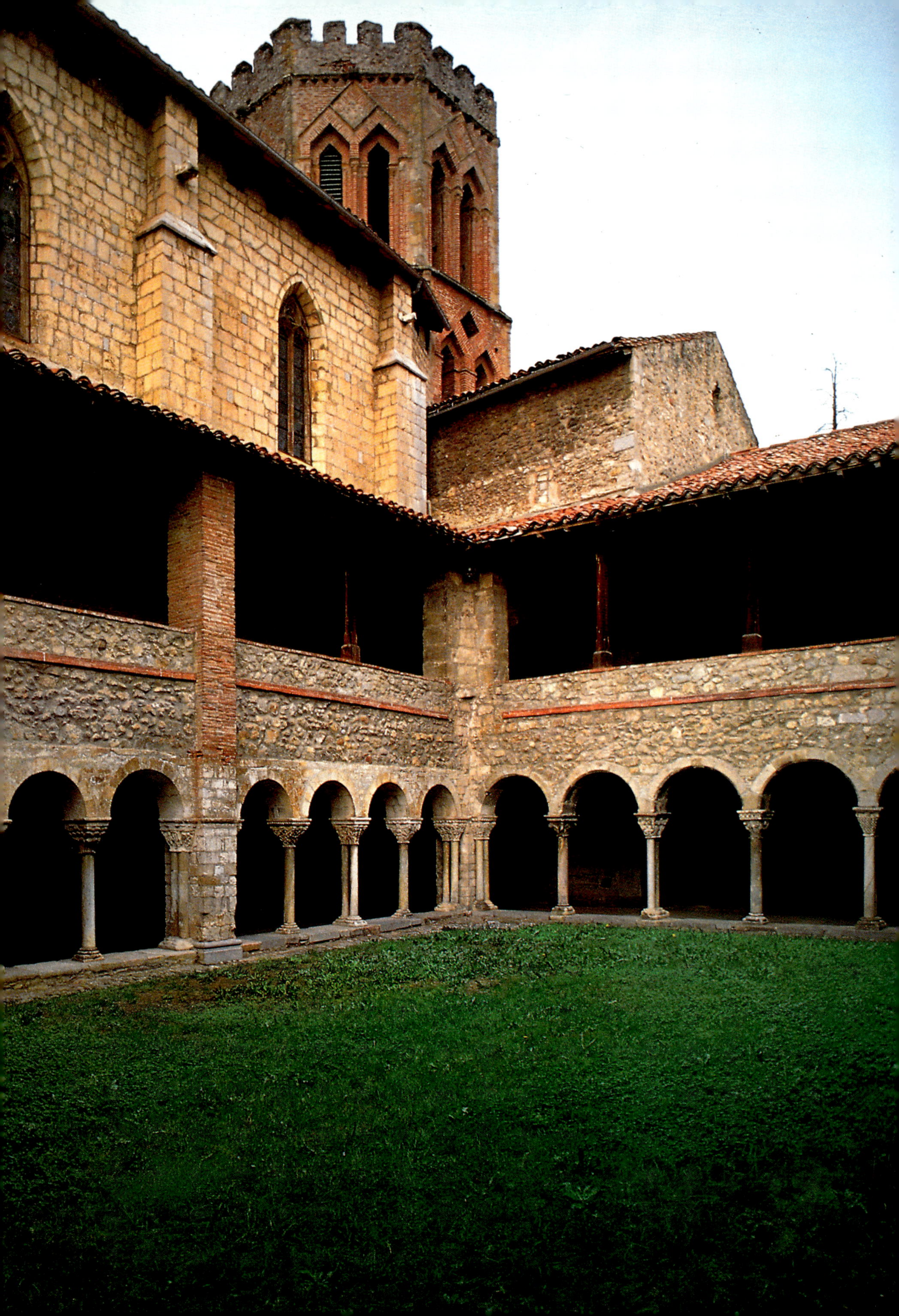

Der Pic de Soularac im Saint-Barthélémy-Massiv (Foto Jacques Jolfre).

Links:
Der mit Kapitellen aus Marmor geschmückte Kreuzgang von Saint-Lizier ist eines der schönsten Beispiele der pyrenäischen Romanik (Foto Georges Claustres).

DAS BIROS-TAL

Die Fahrt flußaufwärts am Lez entlang führt an Audressein vorbei, dessen Kirche (13.-14. Jh.) wegen ihres Portalvorbaus berühmt ist, den eine ergreifende Jungfrau mit Kind schmückt. Etwas weiter liegt Sentein, die ehemalige Hauptstadt des Biros-Tals, deren Kirche von zwei Türmen flankiert ist, die von einer früheren Festungsmauer stammen. Jedes Jahr am 15. August findet in den Straßen des Ortes ein vielbesuchtes Volksfest statt, bei dem man die traditionellen Trachten der Gegend bewundern kann.

DAS BETHMALE-TAL

Die bekanntesten Trachten sind zweifellos die von Bethmale, seit sie Ende 19. Jahrhundert durch die Operette *Messidor* von Alfred Bruneau von den Parisern entdeckt wurden. Die von den peloponnesischen Gewändern inspirierten Kostüme sind ein schönes Beispiel landschaftlich gebundener, an Symbolen reicher Kleidung. Ein regelrechtes Ritual war die Herstellung der Holzschuhe mit langer, nach oben gebogener Spitze: der Bräutigam sollte seine Kraft unter Beweis stellen können, indem er die weitverzweigten Wurzeln eines Nußbaums, die sogenannten *scapis*, herausriß. Sogar das mit Kupfernägeln auf die Oberseite des Schuhs gezeichnete Herz hatte eine Bedeutung, denn es bezog sich auf eine altüberlieferte Legende: während eines Sarazenen-Einfalls im Mittelalter flüchteten alle Einwohner von Bethmale, einige leichte Mädchen ausgenommen, in den Wald und überließen das Dorf den Angreifern; nachdem es Nacht geworden war, gingen sie zum Gegenangriff über und erstochen alle maurischen Soldaten mit dem Dolch. Am nächsten Morgen sahen sie den Bräutigam einer der jungen Frauen, das Herz seiner Braut und dasjenige ihres sarazenischen Geliebten an der Spitze seines Holzschuhs aufgespießt, allen sichtbar durch die Straßen tragen.

Die drei die Stadt und den Talkessel überragenden Türme des Château de Foix bewachen den Eingang zum Ariège-Tal (Foto Albert Rèche).

Rechts:
Der Mont Valier. Vom Menschen verlassen, nehmen die Berge wieder ihre ursprüngliche Schönheit an (Foto Jacques Jolfre).

Burg Latour), Oust (Kirche) und Vic (Kirche im Ariège-Stil aus dem 12. Jh.) -, überragt den Zusammenfluß des Garbet und des Salat.

Natürlich gibt es mehrere Versionen dieser Geschichte. Doch ist dieser Brauch nichtsdestoweniger einer der lebendigsten der Pyrenäen. Noch heute ziehen die Einwohner von Bethmale zu bestimmten Anlässen ihre blau-rote Tracht an. Diese Tradition trägt zum Reiz des Tales noch bei, dessen hügelige Landschaften angenehme Überraschungen bereithalten, wie zum Beispiel die Kirche von Ayet, den Wald von Bethmale, einen der schönsten Buchenwälder der Pyrenäen, oder den gleichnamigen fischreichen See.

DIE FLUSSTÄLER SALAT UND USTOU

Der Core-Paß (1395 m), der das Bethmale-Tal vom Salat-Tal trennt, lädt nach einem herrlichen Rundblick auf die Berge des Ariège dazu ein, die Entdeckungsfahrt durch das Couserans fortzusetzen. Am Fuß des Passes führt die Straße an Seix, einem kleinen Dorf mit galeriengeschmückten Häusern und einem Schloß aus dem 16. Jahrhundert, vorbei hinauf in das tief eingeschnittene, wilde Salat-Tal bis nach Salau und dessen Wolfram-Bergwerk. Doch sollte man vom Tal aus zwei Abstecher machen: zum Pause-Paß (1537 m), der einen schönen Blick auf den Mont Valier (2838 m) bietet, und (von der Taule-Brücke aus, die von den Burgruinen Lagarde und Mirabat bewacht wird) ins Ustou-Tal, das in einen der schönsten Talkessel der Pyrenäen führt: Cagateille. Fährt man den Umweg weiter, kommt man über den Trappe-Paß ins Garbet-Tal, wo das ehemalige Thermalbad Aulus zahlreiche Ausflugsmöglichkeiten, zum Beispiel zum Wasserfall von Ars, bietet.

DAS GARBET-TAL

Auf der Fahrt durch das Garbet-Tal flußabwärts zurück in Richtung Salat-Tal ziehen freundliche Landschaften, im Sonnenlicht erstrahlende Dörfer und Wiesen an uns vorbei. Die vielen kleinen Kapellen erinnern daran, daß das Tal früher «terro santo» (heilige Erde) genannt wurde.

Eine Terrasse, auf der mehrere Dörfer mit typischem Gepräge liegen - Soueix (malerische Häuser und die

DIE «ROUTE VERTE»

Bei der Ankunft im Arac-Tal bieten sich dem Touristen drei Möglichkeiten: nach Saint-Girons zurückfahren; über den Port-Paß (Grenze zwischen den ozeanischen und mediterranen Pyrenäen mit schönem Blick auf das Gebirge) nach Tarascon-sur-Ariège weiterfahren; oder über die an Aussichtspunkten (insbesondere am Marrous-Paß, 990 m) reiche «Route Verte» (grüne Straße) nach Foix fahren. Die Straße schlängelt sich durch das waldreiche Massiv von Arize an schönen Weidelandschaften vorbei. Man kann sie ab dem Gebirgsdorf Massat, dessen Kirche von einer hohen Spitze überragt wird, oder von Biert aus nehmen und dabei die Aussichtspunkte genießen, die sich vom Gipfel des Portel (über einen Pfad zu erreichen) und vom Tour Laffont aus über die Gipfel des Ariège-Massivs hinweg bis in die Ebene von Toulouse, bieten. Im Vordergrund liegt der Talzirkus Massat.

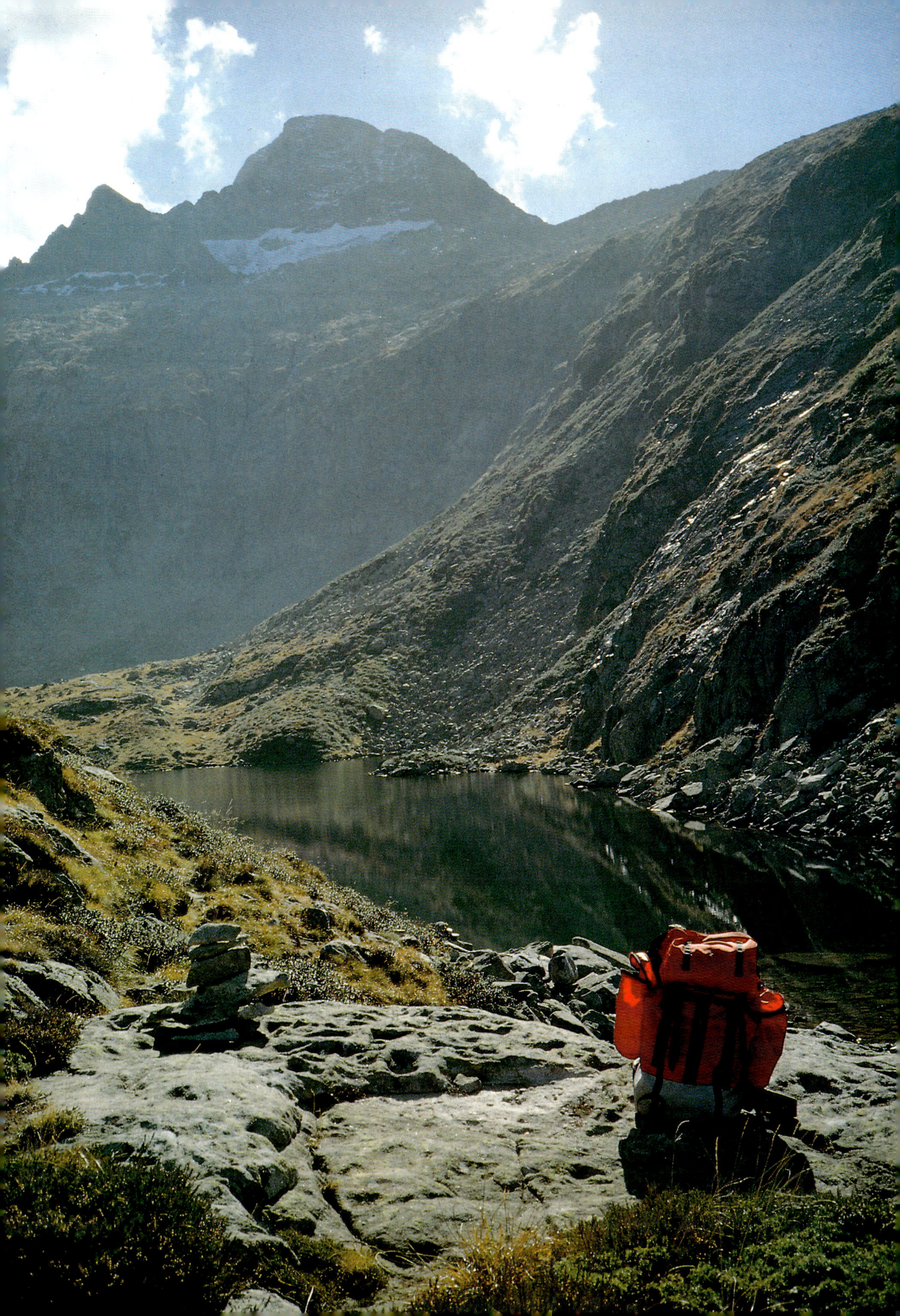

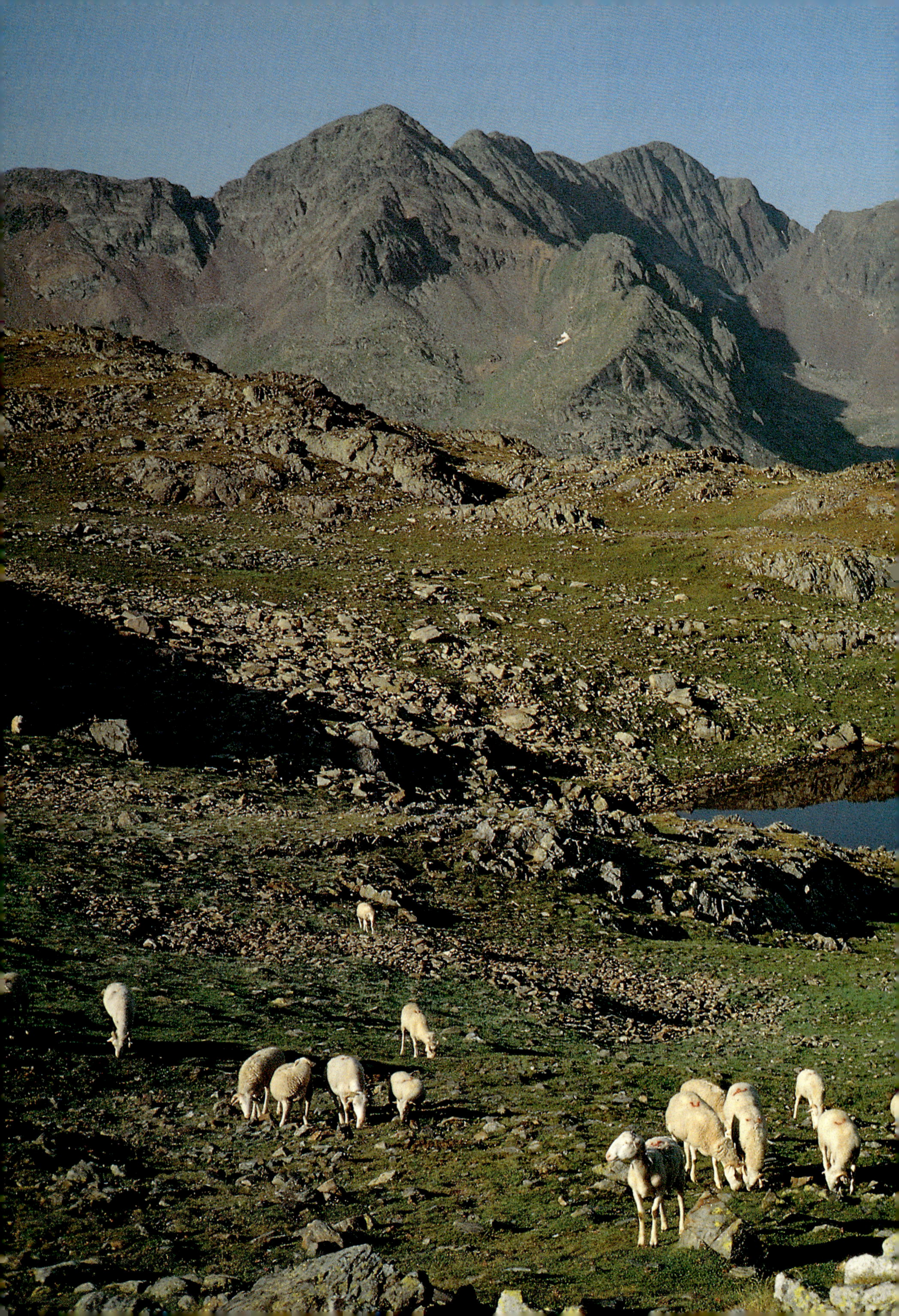

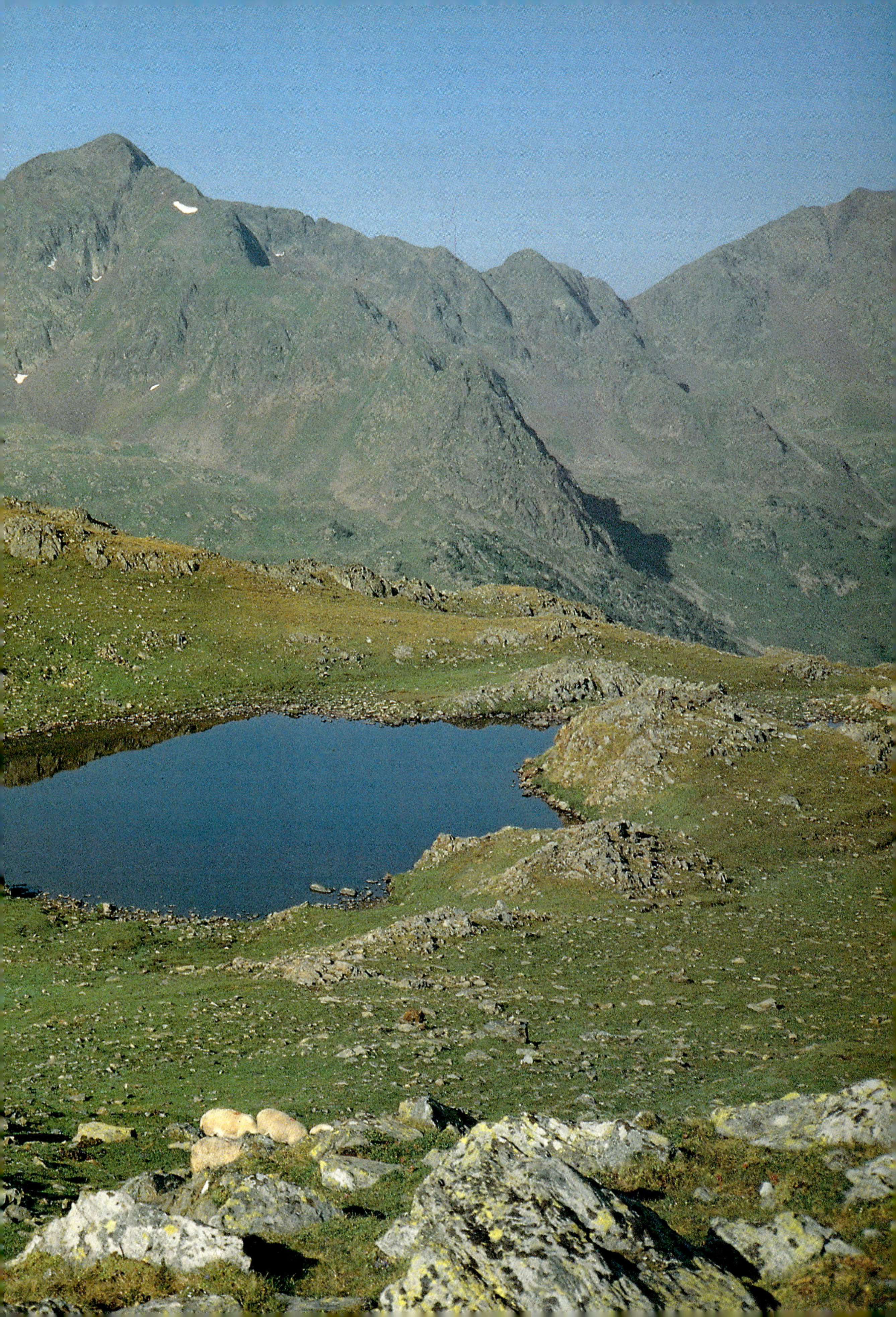

Die Ariège zwischen Tarascon und Foix (Foto Georges Claustres).

Vorangehende Seiten:
Der Boué-Paß und der Pla de Soula (Foto Jacques Jolfre).

Rund um Foix

In der Umgebung des friedlichen Dorfes Varilhes, wo der Bruder Simon de Montforts durch einen Pfeilschuß umkam, wird die breit entfaltete Ebene von Pamiers plötzlich eng, bevor sie in das pyrenäische Vorgebirge eindringt, um das Pays de Foix zu bilden, das sich jenseits des Labarre-Passes im Sabarthès fortsetzt (Pays de Sabart, nach der kleinen Kirche des Vorortes von Tarascon benannt). Es ist der einzige zu den Pyrenäen zählende Teil des Languedoc.

Das im Westen an die Gascogne und im Osten an Katalonien angrenzende Pays de Foix wurde im 11. Jahrhundert zur Grafschaft erhoben und galt lange Zeit als unbezwingbare Gebirgsfestung. Zumindest der nördliche Teil der Grafschaft, der von hohen Bergmassiven (Tabe, Arize und Trois Seigneurs) bewacht wird, in deren Schutz die Grafen ein mächtiges Lehnsgebiet aufbauen und dabei trotzdem ihre Privilegien wahren konnten. Wie die Vizegrafschaft von Béarn wurde auch das Pays de Foix 1607 erst spät Frankreich eingegliedert. Doch war es Schauplatz schwerer Kämpfe während des Albigenserkrieges zwischen den Truppen des französischen Königs und den Katharern, denn Roger Bernard de Foix und seine Schwester Esclarmonde waren leidenschaftliche Verteidiger der Ketzer. Auch während der Religionskriege wurde das Land von Unruhen heimgesucht, denn der Protestantismus hatte, zum Teil durch die Ermutigungen Margaretes von Navarra, Gräfin von Foix, viele Anhänger in der Gegend.

FOIX

Von welcher Seite aus man auch nach Foix kommen mag, man sieht immer zuerst die drei zinnenbekrönten Türme (12.-14. Jh.), die einem Adlernest gleich stolz von ihrem Felsen blicken. Ihr Wehrcharakter läßt darauf schließen, daß die Geschichte der Stadt unruhige Zeiten durchgemacht hat; man denke nur an die Kreuzzügler unter der Führung Simon de Montforts und an die blutigen Kämpfe während der Religionskriege. Doch war das Schloß trotz seines strengen Aussehens Schauplatz höfischen Lebens von höchstem Raffinement. Im Mittelalter veranstalteten die mächtigen und nahezu unabhängigen Grafen von Foix rauschende Feste, zu denen sie Troubadoure einluden. Das Schloß, in dem heute das Musée de l'Ariège untergebracht ist, bietet einen schönen Rundblick auf die Stadt, der deutlich macht, daß das in einer Mulde am Eingang zum Ariège-Tal liegende Foix im Gegensatz zu den meisten größeren Städten der Pyrenäen richtigen Gebirgscharakter aufweist.

Die sich am Fuß des Felsens am Zusammenfluß von Ariège und Arget erstreckende Stadt besitzt schöne Aussichtspunkte auf das Schloß, insbesondere von der Vernajoul-Brücke aus, und interessante Bauwerke, wie die im 17. Jahrhundert zum Teil wiederaufgebaute Klosterkirche Saint-Volusien und das Präfekturgebäude in der Altstadt. Die im Süden die Stadt begrenzende Allées de la Villote verdankt ihren Reiz den alten Fachwerkhäusern und Brunnen, darunter der sogenannte Fontaine de l'Oie (Brunnen der Gans) - in Wirklichkeit ist es ein flügelschwingender Schwan.

Die einsam auf einem Hügel stehende Burgruine Miglos hat ihren mystischen Reiz bewahrt. (Foto Jacques Jolfre).

Die Höhle von Niaux, ein unterirdisches Labyrinth, weist herrliche Felsmalereien aus dem Magdalénien auf, doch war sie, bestimmten Mutmaßungen zuwider, nie bewohnt (Foto Jacques Jolfre).

Die schneebedeckten Gipfel des Pic du Montcalm (Foto Georges Claustres).

DAS ARIEGE-TAL

Das Ariège-Tal, das die zentrale Achse des Pays de Foix bildet, aber auch nach Andorra führt, wird von manchen Touristen leider oft ohne anzuhalten durchquert. Sie haben es eilig, in den kleinen Pyrenäenstaat zu kommen, um dort «dutyfree» einzukaufen. Um jedoch die Vorzüge der Landschaft eingehend genießen zu können, sollte man die Route des Corniches (Höhenstraße) entlangfahren, von wo der Blick insbesondere vom Pech de Lordat aus, den die Ruine einer Katharerburg bewacht, über das ganze Tal gleitet. Das bedeutet jedoch nicht, daß das Tal nicht von Interesse ist. Hier kommen wir zur legendenumwobenen Brücke Pont du Diable, die zehnmal wiederaufgebaut werden mußte, da der Teufel sie jede Nacht wieder abriß; wir entdecken Tarascon, das sich in eine obere und untere Stadt teilt, als wolle es die schöne Umgebung bestmöglich nutzen. Die romanische Kirche von Sabart ganz in der Nähe ist ein berühmtes Wallfahrtsziel. Aber auch tief im Tal bieten sich Abstecher von der Nationalstraße aus an. Zum Beispiel über den Kurort Ussat-les-Bains, dessen Kurbäder, Grand Hôtel und Park den typischen Reiz der Thermalbäder von einst bewahren konnten. Die Steilhänge aus Kalkgestein rund um die kleine Stadt sind von tausend Höhlen durchschnitten, die früher den Ketzern als Zufluchtsstätte dienten. Die berühmteste Höhle ist die Grotte de Lombrives, eine 100 Meter hohe, unterirdische Kathedrale, die schöne Tropfsteine schmücken.

Beim Talkbruch von Trimouns, zu dem wir von Luzenac aus gelangen, bietet sich uns ein ganz anderes, aber nicht weniger spektakuläres Landschaftsbild. Seine weißen Terrassen, die hinter Staubwolken auftauchen, scheinen der Dekor eines Science-Fiction-Films zu sein und tragen ihren Namen «Tor zum Mond» zu Recht. Darüber erhebt sich der Saint-Barthélémy (2348 m), der ein bemerkenswertes Panorama auf Montségur bietet.

Die Höhle von Sabart (bei Tarascon-sur-Ariège) gehört der gleichen Karstformation an wie Lombrives und Niaux (Foto Jacques Jolfre).

NIAUX UND DER VICDESSOS

Von Tarascon aus dringt der Vicdessos zwischen hohen Gipfeln wie dem Montcalm (3078 m) oder dem Malcaras (2865 m) tief in das Gebirge ein. Im Zweiten Kaiserreich lebte man hier im Rhythmus der katalanischen Eisenhütten, die vom Eisenbergwerk Rancié versorgt wurden. Seine Berühmtheit verdankt die Gegend aber der Höhle von Niaux (eigentlich Grotte de la Calbière). Die Höhle, die sich wie ein unterirdisches Labyrinth kilometerweit erstreckt, weist sehr gut erhaltene Felsmalereien aus dem Magdalénien (Pferde, Hirsche und Bisons) auf, die sich insbesondere durch ihren perspektivischen Effekt auszeichnen, denn die Künstler aus dieser Zeit verstanden es bereits, die Unregelmäßigkeiten des Felsgesteins zu nutzen. André Leroi-Gourhan schreibt: «Niaux ist die einzige Höhle, die es an Qualität, Ausmaß und Ausdruckskraft der Darstellungen mit Lascaux aufnehmen kann».

Die Grotte de la Vache am gegenüberliegenden Hang des Tales bietet auch schöne Zeichnungen aus der gleichen Zeit wie die von Niaux. Drei Kilometer südlich wacht die Ruine des Donjons der Burg Miglos über fünf Weiler der ehemaligen Baronie.

Das Tal der Goldgräber und der See von Naguille liegen in idyllischer Lage durch das Orlu-Tal von der Außenwelt abgeschnitten (Foto Jacques Jolfre).

AX-LES-THERMES

Das am Zusammenfluß der Ariège, der Lauze und der Oriège liegende Ax bietet alle erdenklichen Touristenattraktionen. Der Ort verfügt über 70 Schwefelwasserquellen und war bereits zur Zeit der Römer und im Mittelalter ein berühmtes Thermalbad. Mit den Einrichtungen von Ascou und Plateau de Bonascre wird Ax im Winter zum belebten Skizentrum, wenn die Skifahrer die Kurgäste ablösen. Dank seiner Lage an der Pforte zu Andorra und Cerdagne ist Ax auch ein beliebtes Ferienziel im Sommer, das für seine Parks, Ausflugs- und Wandermöglichkeiten geschätzt wird.

Über die Route des Corniches kommt man zum Signal de Chioula, einem 1507 Meter hohen Belvedere, von wo aus der Blick über die Gipfel des Ariège gleitet.

Etwas weiter in Richtung Prades kann man einen Abstecher nach Montaillou machen. Das kleine Gebirgsdorf wurde durch den Roman von Emmanuel Le Roy Ladurie berühmt. Liebhaber schöner Aussichtspunkte kommen hier auf ihre Kosten. Über den Pradel-Paß (1680 m), der vom Dent d'Orly (2222 m), einem der typischsten Gipfel des Ariège, überragt wird, kommt man zu Fuß zum Pic de Sérembarre (1851 m) mit schöner Sicht auf den Carlit und den Maladeta. Schließlich ist das Orly-Tal mit seinem künstlichen See, in dem sich die Fassade des Château d'Orgeix spiegelt, einen Umweg wert. Das friedliche Hirtental war früher vom Lärm der Hüttenwerke und dem keuchenden Atem der *orpailleurs* (Goldwäscher) erfüllt, die ihm seinen Namen gaben.

Nach Ax steigt das Tal langsam nach Andorra und zum Puymorens-Paß an und durchquert dabei das Mérens-Tal, die Heimat der kleinen schwarzen Pferde.

Obwohl sie teilweise durch einen Brand zerstört wurde, ist die Kapelle von Meritxell für die Andorraner ein Ort voller Symbole. (Foto Jean Foucher).

Liechtenstein der Pyrenäen, zweites Monaco, europäisches Hongkong... Alle Vergleiche wurden benutzt, um Andorra zu beschreiben. Doch unterscheidet es sich durch seine Größe (468 km^2) und seine Einwohnerzahl (49 000 davon 8 500 Andorraner), die es zum größten aller Zwergstaaten machen, von den anderen. Sein Hochgebirgscharakter ähnlt dem der mittelalterlichen Erbmonarchie Liechtenstein, mit der es das Privileg teilt, genausoviele Aktiengesellschaften wie Einwohner zu haben. Damit endet jedoch der Vergleich, denn es wäre vergeblich, würde man auch nur die geringste Ähnlichkeit der Landschaft suchen. Der Besucher findet hier keine breite, schön angeordnete Hochebene wie die des Rheins vor, sondern vielmehr eine abgeschiedene Welt von strenger und wilder Schönheit. Er wird auch feststellen, daß der Reiz der Landschaft von deren Vielfalt ausgeht, wobei der Kontrast zwischen dunklem Schiefer und hellem Kalkgestein den Gegensatz zwischen den *solange,* den sonnenreichen, von Weide- und Ackerland bedeckten Hängen, und den *ubacs,* den schattigen, von Kiefernwäldern bewachsenen Hängen, noch verstärkt.

DIE SEGENSREICHE WIRKUNG DES FEUDALISMUS

Der Freistaat Andorra setzt sich aus den von hohen Bergen umgebenen Tälern der Quellbäche Valira d'Orient und Valira del Nord zusammen, die das Valira-Becken bilden und sich im Gran Valira vereinigen. Das Tal, das auch Niederandorra genannt wird, wird nach Süden hin breiter, damit der Gran Valira ungehindert in die Sègre münden kann. Andorra, das stufenförmig von 850 bis 2950 m Höhe ansteigt, konnte dank seiner abgeschiedenen Lage seine Tradition und Unabhängigkeit wahren. «Andorra ist alles, was vom Reich Karls des Großen übrig blieb... ein neutrales Land zwischen zwei Nationen... gläubig und frei seit elf Jahrhunderten... ». Stolz rühmt die Nationalhymne die Gründung des Landes durch den Kaiser des Abendlandes. Überlieferungen zufolge soll der Kaiser die Einwohner des Landes für ihren Widerstand gegen die Sarazenen belohnt haben, denn Andorra war angeblich das erste Gebiet der Pyrenäen, das die Mauren aufgaben. Da die Legende jedoch auf alles eine Antwort hat, schreibt sie die Tatsache, daß sich Frankreich und das Bistum von Urgell in Spanien die Oberhoheit über Andorra teilen, einer Gunst zu, die Ludwig der Fromme 819 dem Bischof von Urgell zuteil werden ließ.

Abgesehen von nicht authentischen, aber nicht weniger offiziellen Dokumenten, die den karolingischen Ursprung des Landes beweisen, kann die Geschichte Andorras bis ins 13. Jahrhundert nur von Rivalitäten zwischen den Bischöfen von Urgell und den Herren von Caboët berichten, an deren Stelle später die Grafen von Foix traten. Da sie zu keiner dauerhaften Einigung kommen konnten, beschlossen die zwei gegnerischen Parteien, den Streit durch ein Abkommen zu beenden. Am 7. September 1278 schlossen sie ein Abkommen von geschichtlicher Bedeutung, das sogenannte *paréage*, in dem sich beide die Herrschaft teilten. Es wurde 1288 vom Papst bestätigt und genehmigt und hat alle Wechselfälle der Geschichte überlebt. Weder die Machtübernahme in Foix durch das französisch-aquitanische Adelsgeschlecht Albret noch die Tatsache, daß es unter Heinrich IV. an die französische Krone gelangte, konnte diesem Status etwas anhaben. Zwar wurde er während der französischen Revolution für nichtig erklärt, doch Napoleon hat ihn wiederhergestellt und dabei das Fürstentum in eine Republik verwandelt. Von den Umwälzungen der modernen Welt unberührt, verfügte Andorra über keine richtige Verwaltungsorganisation. Die Exekutivgewalt wurde wie im Mittelalter von dem «sehr illustren Generalrat der Täler» und den sogenannten Vikaren, dem *Viguier de France* und dem *Viguier épiscopal*, ausgeübt. 1981 bekam Andorra, dessen Verwaltungssystem rückständig zu werden begann, durch eine Verfas-

Das Maison des Vallées, ein Regierungssitz im Größenverhältnis zum andorranischen Staat. (Foto Jean Foucher).

sungsreform eine umfassendere politische Struktur. Unter Beibehaltung der alten Institutionen und des Prinzips der gemeinsamen Oberhoheit wurde eine Trennung der Staatsgewalten eingeführt und ein aus Ministern bestehendes Exekutiv unter der Führung eines Ministerpräsidenten geschaffen.

Diese Umstrukturierung war angesichts der wirtschaftlichen Entwicklung (Tourismus, Handel und Finanzen), die durch die Unabhängigkeit des Freistaates begünstigt wurde, unumgänglich geworden. Der Aufschwung, den die Täler in letzter Zeit erleben, hat aber auch zu einer Veränderung der Mentalitäten und der Umwelt beigetragen. Das unberührte Fleckchen Erde, das es lange war und auf dem die katalanische und pyrenäische Kultur vor äußeren Einflüssen bewahrt werden konnten, ist Andorra nicht mehr, doch bestehen die Sprache und die Traditionen weiter fort. Der Besucher, der nicht nur die Vorteile der Steuerfreiheit sucht, kann noch an ihnen teilhaben, wenn er am 8. September zum Marienfest Notre-Dame de Meritxell, dem Nationalfeiertag Andorras, kommt.

DIE VALIRA DEL ORIENT

Aus Frankreich kommend überschreitet man im Dorf Pas de la Casa im Ariège-Tal die Grenze nach Andorra. Dann führt die Straße hinauf zum Envalira-Paß. Mit 2 409 m ist er übrigens der höchste Paß der Pyrenäen. Er bietet ein schönes Panorama auf die umliegenden Berge. Auf der anderen Seite des Passes führt die Straße an herrlichen Landschaften vorbei ins Tal der Valira del Orient, wo linkerhand die zerklüfteten Berge den großartigen Cirque des Pessons einrahmen. Gerade dieser Teil Andorras ist kennzeichnend für den nüchternen und urwüchsigen Charakter des ganzen Landes. In den von vielen kleinen Seen und Wasserfällen durchzogenen Talzirkus gelangt man über einen Wanderweg von Grau Roig aus.

Im Tal der Valira del Orient stoßen wir wieder auf den modernen Tourismus und dessen Zweckbauten, wie wir es in der Skistation Soldeu sehen können, das lange das höchstgelegene Dorf der Pyrenäen war. Doch hält das Tal

Die Kirche von La Cortinada im Tal der Valira del Nord (Foto Georges Claustres).

noch einige Kostbarkeiten bereit wie zum Beispiel die Kirche Sant Joan de Caselles, die durch ihre Schlichtheit überrascht. Man könnte sie mit einem Bauernhaus oder einem Schuppen verwechseln, wäre da nicht der langobardische, von Fensteröffnungen durchbrochene Turm. Weiter flußabwärts kommen wir nach Meritxell, dem nationalen Wallfahrtsort Andorras, der Modernismus und Tradition vereint. Neben der aus dem 16. Jahrhundert stammenden, 1972 bei einem Brand zerstörten Kapelle entstand dank dem Talent des katalanischen Architekten Ricardo Bofill ein neues Bauwerk.

ANDORRA LA VELLA

Andorra la Vella, einst ein großes Dorf, ist mit dem Ortsteil Les Escaldes zu einer Stadt von 31 000 Einwohnern zusammengewachsen. Das Fehlen jeglicher Stadtplanung bis Anfang der 80iger Jahre hat nicht gerade zur Ästhetik der neueren Bauwerke beigetragen, und der Hauptanreiz der Stadt konzentriert sich auf die belebten Geschäftsstraßen. Doch sollte der Tourist neben dem Warenangebot auch dem Casa de la Vall, dem Haus der Täler (Regierungssitz und Justizpalast), Beachtung schenken. Das gotische, von Türmchen flankierte und mit dem Wappen des Fürstentums geschmückte Bauwerk weist im Innern interessante Säle und den berühmten «Schrank mit sechs Schlüsseln» auf, der als Archiv benutzt wurde und nur in Anwesenheit der Vertreter der sechs Kirchengemeinden (heute sieben), von denen jeder einen Schlüssel besaß, geöffnet werden durfte.

DAS TAL DER VALIRA DEL NORD UND DER GRAN VALIRA

Das im Schutz der Sant-Antoni-Schlucht eingebettete und zu beiden Seiten von den Bergen eingerahmte Tal der Valira del Nord liegt inmitten einer unberührten Gebirgslandschaft. Im Dorf Ordino sind schöne, balkongeschmückte Häuser zu sehen.

Im Tal der Gran Valira südlich von Andorra la Vella sind vor allem die Kirche von Santa Coloma (ursprünglich romanisch, im 17. Jh. umgebaut), deren rund anmutender, vierstöckiger Turm von Zwillingsfenstern erhellt wird, und die archäologische Fundstelle von Sant Vincen d'Enclar, die man über einen Pfad von Sant Coloma aus erreicht, sehenswert.

Über Seu d'Urgell, das als Bistum Berühmtheit erlangte und ein reich ausgestattetes Diözese-Museum besitzt, kann man nach Cerdagne weiterfahren oder (20 km südlich) die Tresponts-Schlucht besichtigen.

Rund um den Canigou, die katalanischen Pyrenäen

Ein Aussichtsbalkon über dem Meer, Täler, die nicht mehr senkrecht zur Gebirgskette verlaufen, Reliefs mit abgerundeten Formen, ein und dasselbe Volk beiderseits der Grenze ... Es ist beinahe so, als wäre man wieder im Baskenland, dabei sind ihm die katalanischen Pyrenäen nicht sehr ähnlich. Vergeblich sucht man die weißgesprenkelten, vom Licht des Atlantiks überfluteten Wiesen. Hier herrscht nacktes Felsgestein vor, das wild und leidenschaftlich zum Meer hin abfällt. Das Klima wird trocken, die Sonne erdrückend, im Sommer sogar unerträglich, doch verdanken wir es ihr, daß die Obstbäume die Ebenen und Täler im Frühling in malvenfarbigem Licht erstrahlen lassen.

Das katalanische Gebirge umschließt drei Täler: das Têt- und das Tech-Tal und im Norden das Agly-Tal. Doch wird es in Wirklichkeit nur von einem Souverän beherrscht, dem Canigou (2 784 m). Für die Katalanen, ob aus dem Süden oder aus dem Norden, ist der «Rei de la plana» nicht nur ein Gipfel, der die Landschaft überragt. Er ist ein heiliger Berg, mit dem sie alljährlich zum Johannisfest immer wieder ein nahezu mystisches Bündnis eingehen. Uralten Bräuchen zufolge, die an die Legende von Pyrène und die pyrenäische Mythologie anknüpfen, wird um 22 Uhr das erste Feuer Kataloniens angezündet. Alle Städte und Dörfer warten auf dieses Signal, um in festlicher Beleuchtung zu erstrahlen.

PERPIGNAN

Perpignan, Hauptstadt des Roussillon, weist ein ausgesprochen mediterranes Gepräge auf. Man braucht nur durch die Straßen und über die Plätze zu schlendern, um die typische Atmosphäre aufzunehmen. Inmitten von Obstplantagen und Gemüseanbauflächen stellt die freundliche und belebte Stadt eine echte Abwechslung dar. Sie hat ihre alten Traditionen bewahrt, die hie und da beim Sardana-Tanz auf einem Platz wieder aufleben. Das Festhalten an der regionalen Identität kommt auch in der Sanch-Prozession (Blutorden) zum Ausdruck, die an jedem Karfreitag durch die Straßen der Altstadt zieht.

Doch hat die stimmungsvolle Stadt auch bemerkenswerte Bauwerke. Die sehr mediterran anmutende Loge de la Mer (14. - 16. Jh.) erinnert daran, daß die Katalanen einst große Seefahrer waren. Die glanzvollen Stunden der Geschichte Perpignans leben auch im mittelalterlichen Palast der Könige von Mallorca, einer mächtigen, schmucklosen Zitadelle, auf. Das typischste Gebäude der Stadt ist vielleicht das Castillet. Der Torbau, Wahrzeichen der Stadt, den man unbedingt abends sehen sollte, wenn die untergehende Sonne ihm eine unvergleichliche Farbe verleiht, beherbergt ein Heimatmuseum und bietet einen schönen Rundblick über die ganze Stadt. Perpignan hält noch viele weitere Sehenswürdigkeiten bereit, doch sollte man nicht abreisen, ohne den Bahnhof gesehen zu haben, der nach Dali das Zentrum der Welt sein soll. Auch sollte man eine Ausgabe des Regionalblattes *L'Indépendant* kaufen, übrigens die älteste Tageszeitung Frankreichs.

DAS CONFLENT

Das Conflent am Unterlauf der Têt bietet gleichzeitig majestätische Ausblicke, wie zum Beispiel auf die Brücke Pont-Gisclard, freundliche, von Obstplantagen durchzogene Landschaften und zahlreiche romanische Kunstschätze. Das vom Canigou beherrschte Ille-sur-Têt, die erste Stadt in die wir kommen, erfuhr unter dem Ancien Régime eine Blütezeit, von der die vielen Stadthäuser und die mächtige, im 17. Jahrhundert wiederaufgebaute Kirche zeugen. Etwas weiter flußaufwärts kommen wir zum Staudamm von Vinça. Dann wird das immer noch vom Canigou bewachte Tal enger und führt schließlich nach

Der das Roussillon überragende Canigou, der «rei de la plana», ist der heilige Berg der Katalanen (Foto Bertrand Cabrol).

Die Loge de la Mer, ein elegantes, aristokratisch anmutendes Bauwerk (Anfang 14. Jh. begonnen) zeugt davon, daß Katalonien schon immer ein mediterranes, dem Meer zugewandtes Land war.

Die Skulptur «Venus und das Mittelmeer» von Maillol in Perpignan zeugt vom Talent des katalanischen Bildhauers und von der künstlerischen Vitalität des Roussilon, wie wir es auch am Beispiel der Künstlerorte Collioure und Céret sehen.

Das Castillet, eine beeindruckende Torfestung aus Ziegelstein aus dem 14. Jh., beheimatet heute des Musée des Art et Traditions populaires catalans (Volkskundliches Museum). (Foto Bertrand Cabrol).

Prades, einer sympathischen Unterpräfektur, deren Festival klassischer Musik bei Kennern berühmt ist, und nach Villefranche-de-Conflent, das bereits im Mittelalter eine Festung war und dem Vauban sein heutiges Gesicht verlieh.

SERRABONE, CUXA UND SAINT-MARTIN, DREI OASEN DER ROMANIK AM FUSS DES CANIGOU

Das Conflent verdient mehr als nur eine Durchreise, denn an den Hängen des Canigou-Massivs sind zahlreiche Kostbarkeiten der Romanik versteckt, die es zu entdecken gilt.

Die erste, Serrabone, liegt im Herzen des Hügellandes Aspres in ein herbes, rauhes Tal eingebettet. Die strenge Erhabenheit der Kirche paßt sich harmonisch der Landschaft an. Im Innern jedoch beherbergt sie ein Meisterwerk der Eleganz und Feinheit: eine Empore aus rosa Marmor mit fein ziselierten Kapitellen. Das Bestiarium von Serrabone besticht den Besucher nicht nur durch seine Schönheit, sondern gibt ihm auch das Rätsel seiner Symbolik auf, nach dessen Lösung man wie bei den in die Schieferwände am Col de l'Homme-Mort eingravierten Symbolen vergeblich sucht. Nach ihrem Anblick erscheint die Rückkehr ins Têt-Tal wie eine Heimkehr nach einer Begegnung der dritten Art.

Zwei Kilometer südlich von Prades kündet sich die Abtei Saint-Michel de Cuxa durch ihren sehr schönen, zinnenbekrönten Turm an, dessen vier Stockwerke von Fenstern erhellt sind. Das große Ansehen, das sie im Mittelalter, insbesondere während der Amtszeit des Abtes Oliba im 11. Jahrhundert genossen hatte, begann ab dem 16. Jahrhundert abzunehmen, bis sie schließlich nach der Revolution ganz aufgegeben wurde. Ein großer Teil des Kreuzgangs wurde abgetragen, und mehr als die Hälfte der Kapitelle befinden sich heute im Cloisters in New Work. Dank 1952 begonnener Restaurierungsarbeiten zählt das von Benediktinern bewohnte Kloster heute wieder zu den schönsten Beispielen der katalanischen Romanik.

Südlich von Villefranche-de-Conflent liegt im Schatten einer Burgfestung das Thermalbad Vernet-les-Bains, ein altes malerisches Dorf inmitten eines grünen Talkessels. Es ist der Ausgangspunkt für einen Ausflug nach Saint-Martin-du-Canigou. Die einem Adlernest gleich auf einem schmalen, von Steilwänden umgebenen Felsvorsprung erbaute Abtei Saint-Martin-de-Canigou ist ein Ort, der für die Zurückgezogenheit und Spiritualität wie geschaffen war. Wie Cuxa ging auch Saint-Martin ab dem 16. Jahrhundert seinem Niedergang entgegen und wurde im 20. Jahrhundert glücklicherweise restauriert. Heute besteht sie aus einem zinnengekrönten Kirchturm, zwei übereinandergebauten Kirchen und einem Kreuzgang, dessen Südgalerie mit aus früheren Gebäudeteilen stammenden Kapitellen rekonstruiert wurde.

DER CANIGOU

Der Reiz der Hänge des Canigou-Massivs liegt jedoch nicht nur in den romanischen Bauwerken. Sie halten dem Wanderer auch eine außergewöhnlich große Vielfalt an Pflanzen aus allen Lebensräumen vom Mittelmeer bis zur Arktis bereit. Auf den Gipfel (2 785 m) führt von Vernet und dem Chalet des Cortalets aus ein steil ansteigender Weg, von dem aus man ein selten schönes Panorama auf das Pyrenäenvorland, die Pyrenäen, Katalonien und das Meer hat.

DER KLEINE GELBE ZUG

Nach Villefranche wird das Tal in Richtung Mont-Louis enger, das man über die RN 116 erreicht. Sie bietet schöne Aussichtspunkte, vor allem von der Pont Gisclard aus, einer 1908 erbauten Hängebrücke. Doch muß man den Viadukt gesehen haben, wenn ihn der Kleine Gelbe Zug überquert. Man kann nämlich auch mit dem Zug von Conflent nach Cerdagne reisen. Aber nicht mit irgendeinem Zug. Dieser hier erstrahlt in den katalanischen Farben gelb und rot und ist zu einer wahren Institution geworden. Die Eisenbahnlinie, die zwischen 1903 und 1911 gebaut wurde, um Cerdagne an den Verkehr anzuschließen, verläuft zwischen Villefranche und Latour-de-Carol. Nachdem sie stillgelegt werden sollte, lebt sie heute dank dem Tourismus wieder auf. Von der gemächlich dahinfahrenden Schmalspurbahn aus zeigt sich dem Reisenden das Tal der Têt und die Cerdagne unter einem ungewohnten Blickwinkel, vor allem wenn der Zug über die Viadukte Séjourné und Gisclard von einem Hang zum anderen wechselt. Bei schönem Wetter werden die Dächer der Waggons entfernt, was die schwindelerregende, übermütige Atmosphäre noch erhöht.

CERDAGNE

«Meytat de França, meytat d'Espanya, no hi ha altra terra com la Cerdanya». Die Hymne des Tales drückt es deutlich aus: Cerdagne, das sonnenreiche Hochtal, das sich beiderseits der Grenze erstreckt, fehlt es nicht an Reiz. Es erstreckt sich südlich von Conflent, seine Landschaft ist von Anbauflächen, Weiden, Steilhängen und Wäldern geprägt.

FONT-ROMEU

Font-Romeu, das weniger als 100 km von Perpignan und dem Meer entfernt liegt, ist zu einem der beliebtesten Ferienorte der Pyrenäen herangewachsen und gleichzeitig ein typisches Thermalbad geblieben. Sein Erfolg liegt hauptsächlich in der außergewöhnlichen Sonneneinstrahlung (die stärkste Frankreichs), was den Sonnenofen von Odeillo und dessen erstaunlichen Parabolspiegel erklärt. Über dem modernen Gepräge der Stadt darf man aber nicht vergessen, daß Font-Romeu, bevor es zur Sportstation heranwuchs, eine Einsiedelei und ein bedeutender Wallfahrtsort war. Sein Name (katalanisch: der Pilgerbrunnen) und eine Kapelle aus dem 17. Jahrhundert erinnern an die religiöse Tradition des Ortes und seinen Ursprung, der auf eine wundertätige Quelle zurückgeht, an der ein Stier eine Muttergottesstatue gefunden haben soll.

Von Font-Romeu aus führen zwei Straßen zur Grenze. Die erste folgt dem Nordhang der Cerdagne bis nach Targassonne (Sonnenenergiezentrum

Die Einsiedelei an der Pilgerstraße in Font-Romeu (Foto Albert Rèche).

Die starke Sonneneinstrahlung ließ in Cerdage 1969 den Sonnenofen von Odeillo entstehen. (Foto Albert Rèche).

Thémis und spektakuläre Ansammlung von Granitblöcken), wo am Eingang zum Carol-Tal die romanischen Kirchen von Angoustrine und Ur sehenswert sind. Fährt man über den Südhang, bietet sich ein Abstecher zur romanischen Kirche von Planès an. Doch sollte man auf jeden Fall Eyne nicht verpassen, um den schönen Blick auf Font-Romeu zu genießen und die Sègre-Schlucht zu sehen. Danach geht die Fahrt weiter nach Bourg-Madame, entweder über Calgédas und Hix, die erste Hauptstadt der Grafen von Cerdagne, die eine schöne romanische Kirche besitzt, oder über Estavar und die kleine Enklave Llivia (12 km^2), die nach dem Pyrenäenvertrag, da sie Stadt war und Frankreich nur Dörfer hatte, spanisch geblieben ist.

PUIGCERDA

Jenseits der Grenze setzt sich das Plateau von Cerdagne in der ehemaligen Hauptstadt Puigcerda fort, die in der Geschichte eine Rolle gespielt hat. Bemerkenswert sind ihre alten, balkongeschmückten Häuser, aber auch der naheliegende See und das Panorama auf die Sierra de Cadi. Von Puigcerda kann man entweder nach La Seu d'Urgell weiterfahren oder in östlicher Richtung über Vallespir und Ripoll, dessen Kloster als Geburtsstätte Kataloniens betrachtet wird, nach Frankreich zurückkehren. Auf der zweiten Route kann man die Wintersportstation Molina entdecken und über einen kleinen Abstecher kommt man zur Ermitage de Nuria. Die im Naturschutzgebiet Freser und Setcases liegende Einsiedelei erreicht man über eine Zahnradbahn.

PUYMORENS UND DAS CAROL-TAL

Der Puymorens-Paß (1915 m), der Cerdagne mit Andorra und dem Ariège-Tal verbindet, war ursprünglich ein Weg, den Hirten bei der Transhumanz benutzten. Heute führt die Eisenbahn durch einen Tunnel über den Paß. Das Tal wird bei der Faou-Schlucht enger, bevor es nach Porté und der gleichnamigen Skistation hin steil ansteigt.

DER CARLIT

Von Font-Romeu und Mont-Louis aus bieten sich mehrere Ausflugsmöglichkeiten an. Eines der beliebtesten Ziele ist das kleine Tal der Ter, das zum See von Bouillouses und zum Pic Carlit (2921 m) führt.

Ein Forstweg führt durch den Wald von Barrès bis zum See. Die große Vielfalt der hier vorkommenden Pflanzenarten machen den Spaziergang zum interessanten Erlebnis. Der von Hakenkiefern umgebene Stausee Bouillouses zeichnet sich durch seine landschaftliche Schönheit und die Vielfalt der in ihm lebenden Tiere aus. Vom See aus entdeckt man die Landschaft der Wüste von Carlit, deren runde Kuppen von der Vergletscherung herrühren. Viele kleine Seen liegen hier verstreut. Ein relativ leichter Wanderweg führt an ihnen vorbei auf der Kammlinie entlang bis zum Gipfel hinauf, wo uns ein Rundblick erwartet, der sich vom Canigou bis zu den Monts Maudits und manchmal bis zum Meer und zur Ebene des Languedoc erstreckt.

CAPCIR UND DIE AUDE-SCHLUCHTEN

Die Aude entspringt am Fuß des Carlit in der Hochebene von Capcir, die durch den Quillane-Paß von Mont-Louis getrennt ist. Die kalte und rauhe Schönheit der Landschaft steht im Kontrast zu den großen Seen und der bereits mediterranen Beleuchtung. Denn der geschlossene Kessel öffnet sich im Norden dem zerklüfteten Carcanet. Hier herrscht rauhes Klima und der Schnee gehört Sommer wie Winter zum Landschaftsbild. Nach dem See von Puyvaldor verläßt die Aude das öde Capcir, um sich im Languedoc durch tiefe Schluchten zu schlängeln. Doch zuvor sollten wir sie kurz verlassen und auf einer kurvenreichen Straße einen Abstecher nach Quérigut machen. Der größte Ort der Gegend Donézan liegt auf einem aus Wiesen, Wäldern und Seen bestehenden Plateau. In Usson-les-Bains, dessen schöne Häuser von melancholischem Charme im Schutz der Burgruine stehen, stoßen wir wieder auf die Aude, die hier in die Schluchten eindringt.

Die kleine romanische Kirche von Caldegas, die zwar weniger berühmt ist als ihre Nachbarin in Hix, weist mit ihren lombardischen Bogen und Überresten von Fresken einen großen Reichtum auf (Foto Albert Rèche).

Wir müssen uns noch etwas gedulden, denn im Canyon von Saint-Georges erwartet uns ein überwältigendes Naturschauspiel. In der kleinen Stadt Axat, idealer Ausgangspunkt für einen Ausflug zum Plateau de Sault, das von der Rebenty-Schlucht durchquert wird, können wir eine Atempause einlegen. Dann wird die Natur in der Schlucht von Pierre-Lys, die lange Zeit als unbezwingbar galt, wieder wild. Die Straße führt an der Aude entlang und überquert die tiefe Schlucht beim «Trou du Curé», das Anfang 19. Jahrhundert in den Fels geschlagen wurde.

VALLESPIR UND DAS ALBERES-MASSIV

Das Tal des Tech, das letzte Tal der Gebirgskette bevor sie ins Mittelmeer abfällt, verdankt seinen Namen Vallespir (aus dem Lateinischen: Valle Asperii) der Unebenheit seines Reliefs. Während im unteren Tal blühende Kirschbäume und Obstplantagen die Landschaft freundlich machen, spürt man im oberen Tal am strengen Klima bereits den Einfluß des Gebirges. Allerorts hat die Romanik Spuren hinterlassen. Das Vallespir hat bei der Wahrung der katalanischen Kultur eine wichtige Rolle gespielt. Diese kommt hauptsächlich im Sardana-Tanz zum Ausdruck, der hier weiterlebte, als er anderweitig schon aus der Mode gekommen war.

Der Luftkurort Le Boulou am Eingang zum Tal bietet einen schönen Blick auf den Canigou. Bemerkenswert sind auch die Kirche Sainte-Marie und ihr Portal aus weißem Marmor. Anstatt direkt nach Céret weiterzufahren, sollte man die Kapelle von Saint-Martin de Fenollar besichtigen, die bemerkenswerte Fresken (12.-13. Jh.) aufweist, und in das Albères-Massiv hinauffahren (über Las Illas) bis zur Stèle des Evadés, um den Blick auf das Roussillon und Vallespir zu genießen.

In Céret, der Hauptstadt der Kirsche, können Liebhaber von Legenden die Teufelsbrücke aus Schieferstein bewundern, die über den Tech führt. Doch ist auch das Musée d'Art Moderne sehenswert, dessen Reichtum nicht überrascht, wenn man bedenkt, daß die Stadt eine der Hochburgen des Kubismus war. Manolo

Ungefähr 100 Kilometer vom Meer und den vielbesuchten Badeorten entfernt liegt der Lac des Bouillouses am Fuß des Carlit-Massivs, das an eine kanadische Landschaft erinnert (Foto Jean Foucher).

hatte hier seinen Freundeskreis. Céret ist auch ein Zentrum der katalanischen Tradition, denn hier findet alljährlich das Sardana-Festival statt.

Das Tal wird enger und bedeckt sich mit Wald, bevor es nach dem in einer Tech-Schleife liegenden Amélie-les-Bains hin ansteigt. Das Thermalbad ist Ausgangspunkt für Ausflüge, insbesondere in die Schlucht von Mondony.

In Arles-sur-Tech, dessen Abtei lange das religiöse Zentrum von Vallespir war, kommt man zum Cañon de la Fou, einer eindrucksvollen Schlucht, die man über Fußgängerbrücken besichtigt. Nachdem man von einem Hang zum anderen wechselnd Montferrer (romanische Kirche) und Serralongue (Kirchenportal und Blick auf das Tal) besichtigt hat, kommt man wieder auf die D 115, die nach Prats de Mollo führt. Die ehemalige Grenzfestung hat noch ihre Festungsmauer und Wehrkirche aus dem 17. Jahrhundert und deren romanischen Turm bewahrt. Sie wurde durch das Bärenfest berühmt, das hier wie auch in Arles-sur-Tech gefeiert wird. Von Prats kommt man zu dem kleinen Ferienort La Preste, der tief in das Tal eingebettet ist, oder nach Spanien über den Ares-Paß, der nach Ripoll und nach Olot in der Ebene von Amurdan führt, wo inmitten einer Wald- und Wiesenlandschaft ehemalige Vulkane herausragen, die im Quaternär entstanden. Die Region ist außerdem Schauplatz kurioser Phänomene wie kühle Luftzüge, die in bestimmten Felsspalten auftreten.

Das Albères-Massiv, das im Süden das Tech-Tal überragt, ist mehr ein Übergang als eine Grenze.

Die Nachsicht, die von den Zöllnern am Perthus-Paß (290 m), den alljährlich unzählige Touristen überqueren, geübt wird, ist der Beweis dafür. Der Berg bietet zahlreiche Wandermöglichkeiten auf der spanischen Seite des Massivs, die Ruine des Klosters Sant Pere de Rhodes (Anfang 10. Jh.) ist ein imposantes Bauwerk, dessen Erhabenheit noch durch die Lage am Fuß des

Der Pic du Carlit im Frühling (Foto Jacques Jolfre).

San Cristobàl hervorgehoben wird. Von den Bergen aus bietet sich ein herrlicher Rundblick auf die Costa Brava und deren Felsenbuchten und Fischerdörfer, wie zum Beispiel Cadaquès, wo sich Salvador Dali niedergelassen hatte. Bleibt man in Frankreich, kann man schöne romanische Bauwerke wie Saint-Génis-des-Fontaines bewundern, das auf dem Türsturz des Portals eine der ältesten romanischen Skulpturen Frankreichs (1020) besitzt, oder das schöne Panorama genießen, das sich vom Pic Neulos (1257 m) aus bietet, der den spanischen Teil Kataloniens, den pyrenäischen Teil des Roussillon und das Mittelmeer vereint, als wäre es für ein Wiedersehen.

Glossar

Agouille (kat.): Bewässerungskanal
Aigue (gasc.): Wasser
Aitz (bask.): Stein
Aplech (kat.) Wallfahrt in Katalonien
Aran (bask.): Wiese
Artigue (gasc.): Weide
Aspe: Mulde
Aulhè (gasc.): Hirte im Hochgebirge

Barthe: feuchte Niederung
Bastide: befestigtes Dorf
Bilde (bask.): Weg
Borde (gasc.): Scheune

Canal (arag.): sehr breites Tal
Cañon: Schlucht
Cap: spitzer Gipfel
Caperan: kleine Nadel
Cayolar: Hirtenrefugium
Château: Burg, Schloß
Cirque: Talzirkus, Talkessel
Estive: Sommerweide
Etxe (bask.): Haus

Gavatx (kat.): Fremder
Gave: Gebirgsbach
Gaztely (bask.): Schloß
Goig (kat.): katalanische Kantilene

Labrit: Hirtenhund (mit dem Briard verwandt)
Lac: See
Laminaks: Kobolde

Makhila (bask.): Wanderstock des baskischen Hirten
Mailh: Steilhang
Mont: Berg

Neste: Fluß
Nive: Fluß

Oehlè: siehe auhlè
Ombrée: Nordhang
Orri (okz.): Hirtenrefugium in der Gegend Ariège

Pale: Gipfel mit Steilhang
Patou: Hunderasse (weiß mit langen Haaren) der Pyrenäen
Pays: Land, Landschaftsgebiet
Pech (Okz.): Bergspitze, Felsvorsprung
Pène: Kamm
Pic: Bergspitze
Pla: flaches Weideland auf einem Hochgebirgsplateau
Pog: siehe Pech
Pont: Brücke
Port: Paß
Pottok:(bask.): kleines Pferd
Puig (kat.): Synonym für Bergspitze

Raillère: Schutthalde
Rousquille (kat.): Brotkranz

Soulane: Südhang
Soum: Gipfel

Tuc: Synonym für Bergspitze

Ur: Wasser

LES PYRÉNÉES

Principaux sommets

- Pic d'Aneto (Esp.) 3404 m
- Monts Posets (Fr.) 3375 m
- Mont Perdu (esp.) 3355 m
- Pic de Vignemale (Fr.) 3298 m
- Pic de Marboré (Fr.) 3253 m
- Pic Balaitous (Fr.) 3146 m
- Pic Long (Fr.) 3132 m
- Pic d'Aubert (Fr.) 3092 m
- Pic de Montcalm (Fr.) 3080 m
- Pic Carlitte (Fr.) 2921 m
- Puigmal (Fr.) 2909 m
- Pic du Midi de bigorre (Fr.) 2877 m
- Pic du Midi d'ossau (Fr.) 2872 m
- Mont Valier (Fr.) 2838 m
- Mont Canigou (Fr.) 2785 m

Plus hauts cols

- Brèche de Roland 2804 m
- Port de Vénasque 2448 m
- Port d'Envalira (1) 2407 m
- Col du Tourmalet (2) 2115 m
- Puerto de Bonaigua (2) 2072 m
- Col de Pailhères (1) 1972 m
- Col de Puymorens (1) 1915 m
- Col de la Quillane (1) 1714 m
- Col de l'Aubisque (2) 1710 m
- Col du Pradel (2) 1680 m
- Col du Somport (1) 1631 m
- Col de la Perche (1) 1579 m
- Col de Peyresourde (1) 1563 m
- Col d'Ares (1) 1513 m
- Col de Jau (2) 1513 m
- Col d'Aspin (2) 1489 m

(1) Ouvert en permanence   (2) Fermé l'hiver

PYRÉNÉES BASQUES — BÉARN — BIGORRE — PYRÉNÉES DES NESTES ET DE LA GARONNE — PAYS DE FOIX — COUSERANS — ANDORRE — PYRÉNÉES CATALANES — HAUT ARAGON

P.N.P. : Parc national des Pyrénées

Carton géologique

- Terrains plissés
- Terrains plissés du Piémont
- Massif primaire basque
- Massifs primaires de la zone axiale

0   50 km

TOULOUSE
RN 117
Garonne
Ariège
Béziers
Carcassonne
Narbonne
Martory
Gaudens
Pamiers
Grotte du Mas d'Azil
Saint-Lizier
Saint-Girons
Le Plantaurel
Limoux
Audressein
Couserans
Massif de l'Arize
Grotte de Labouiche
Foix
Le Pays de Foix
Lavelanet
Les Corbières
VALLÉE DE BIROS
VALLÉE DE BETHMALE
Col de Port
Tarascon
Ussat-les-Bains
Chau de Montségur
Quillan
Peyrepertuse
Tautavel
Fort de Salses
Mont Valier (2838m)
Grottes de Niaux
Pic Saint-Barthélémy (2348 m)
Gorges de l'Aude
L'Agly
Le Vicdessos
VALLÉE DE L'ARIÈGE
Signal de Chioula
Col de Pradel
VALLÉE DE L'AGLY
Perpignan
Pic Montcalm (3078m)
Ax-les-Thermes
Dent d'Orlu (2222m)
Cercir
Prades
Conflent
Têt
Roussillon
PARC D'AIGUES TORTES
Andorre
Mérens les Vals
Pic Carlit
Villefranche de Conflent
Saint-Michel de Cuxa
Collioure
Andorra la Vella
Col de Puymorens (2921m)
Font-Romeu
Saint-Martin de Canigou
Canigou (2784m)
Céret
VALLÉE DE CAROL
Mont-Louis
Cerdagne
Vallespir
Arles sur Tech
Albères
La Seu d'Urgell
Llivia
Hix
Puigcerda
Tech
Col du Perthus (290m)
Noguera
R. Segre
Prats de Mollo
Cadaques
Catalogne
Ripoll
Olot
Costa Brava
GOLFE DU LION
Côte Vermeille

Légende:
- GR 10
- P.N.P. Parc national des Pyrénées
- Route fermée l'Hiver
- Nov./Juin Dates de fermeture

0 10 20 30 40 50 km

Carte : Patrick Mérienne

Sonnenuntergang im Massiv des Monte Perdido (Foto Jacques Jolfre).

INHALT

Die Entstehungsgeschichte .... S. 5	Die Pyrenäen der Nestes und der Garonne .... S. 89
Die grünen Pyrenäen des Baskenlandes .... S. 24	Die Geheimnisse der Täler des Couserans .... S. 100
Das Pyrenäenvorland .... S. 36	Rund um Foix .... S. 109
Das Béarn und das Haut-Aragon .... S. 51	Die Täler von Andorra .... S. 115
Bigorre, das Land der Sterne .... S. 65	Rund um den Canigou - die katalanischen Pyrenäen .... S. 118

Umschlagvorderseite : Der Néouvielle und der Lac d'Aumar (Foto Jacques Jolfre).

Umschlagrückseite : Das Schloß von Castet-en-Ossau (Foto Patrick Bernière).

© Copyright 1994 - Editions SUD-OUEST. Ce livre a été imprimé par Pollina à Luçon - 85 - France. La photocomposition a été réalisée par Ecritures à Bordeaux - 33. Mise en page du studio des Editions Sud-Ouest à Bordeaux. Photogravure couleur de Bretagne, Photogravure à Bruz - 35. La couverture a été tirée par l'imprimerie Raynard à la Guerche de Bretagne - 35 et pelliculée par Pollina - 85.
ISBN 2.87901.137.0 - Editeur : 382.01.04.02.94. N° d'impression : 64965 - B